맨날맨날
이런 공부만
하고 싶어요!

초록샘과 함께하는
신나는 교실 이야기

맨날맨날 이런 공부만 하고 싶어요!

김정순 글

보리

초록샘과 아이들이
함께 가꾸어 가는 아름다운 교실

최관의 서울 율현초등학교 교장

나는 교실이라는 숲속에 길을, 그것도 고속도로를 낼 때가 있습니다. 그러다 보니 한 명 한 명의 아이가 지금 이 순간 어떤 형편에 놓여 있는지 마음 쓸 겨를이 없지요. 아이들마다 갖고 있는 이런저런 사정이나 다름에 아랑곳하지 않고 가르치는 일만 열심히 합니다. 내 말과 행동과 눈빛이 아이들을 휩쓸고 지나갑니다. 공부거리와 가르칠 내용이 주인자리 차지하고 아이들은 수단이 되고 말지요.

다사랑반 김정순 선생님은 동무랑 멀어져 마음 아픈 아이를 만나면 그 곁에 머무릅니다. 가던 길을 멈추고 곁에서 눈길 주고 아픈 마음에 공감하며 풀어 갈 방법을 찾습니다. 서둘러서 '사이좋게 지내라', '가깝게 지내라', '친하게 지내라'는 말로 때우지 않습니다. 김정순 선생님이 아이의 어려움을 풀어 가는 방법은 물이 나무를 건드리지 않고 스쳐가되 생명을 주는 것과 같습니다.

한창 수업을 하는데 뒷문이 열리고 아이가 들어옵니다. 바짓가랑이는 흙투성이고 미안한 눈빛보다는 즐거움과 흥분으로 가득합니다. 수업 속으로 빠져들던 아이들 마음이 그 아이에게 확 쏠리는 이때 나라면 어땠을까요? 김정순 선생님은 수업 흐름이 깨진 걸 속상해하기보다 이 느닷없고 당황스런 상황을 수업으로 풀어갑니다. 아이 때문에 벌어진 상황을 배움의 기회이자 학습 자료로 삼는 것이지요.

마음이 끌리면 일단 몸부터 움직이는 아이, 모험정신, 도전정신이 강해 위험천만한 행동을 하는 아이를 만난 김정순 선생님은 어떻게 할까요? 나 같으면 눈을 부라리며 야단부터 치거나 기껏해야 마음 가라앉히고 점잖게 잔소리하련만, 김정순 선생님은 이걸 또 배움의 기회로 삼습니다.

몸을 움직이지 않고 미루어 짐작하거나 생각만 많은 도시 아이들이 좀처럼 갖기 어려운 이 귀한 재능을 마음껏 펼치도록 해 줍니다. 야단맞고 잔소리 들을 만한 무모한 행동을 배움과 깨달음을 주는 수업, 교육활동으로 탈바꿈시킵니다.

김정순 선생님은 다툼이 벌어지면 다툼이, 기쁜 날은 기쁨이, 슬픈 날은 슬픔이, 비바람이 불면 비바람이 교과서이고 책이고 교육과정이 되도록 만들어 냅니다. 아이들이 하루하루 살아가는 삶이 곧 가르침이고 배움이라는 걸 깨닫게 합니다. 일과 놀이와 배움이 하나가 된 교실. 다사랑반 김정순 선생님은 아이들 삶 속으로 들어가 하나가 되면서도 교사로서 해야 할 역할과 품고 있는 교육철학을 잊지 않습니다. 그 모습을 보면 숲, 골짜기, 들판, 바다 그 무엇을 만나도 생명이 피어나고 자라게 하면서도 자기 자신을 잃지 않는 '물'이 떠오릅니다. 물 흐르듯 흐르되 꿋꿋한 김정순 선생님.

이 책은 따스한 기운이 가득합니다. 김정순 선생님이 아이들과 함께 가꾸어 가는 교실 이야기를 읽는 내내 아이 마음을 쓰다듬어 주는 교사의 손길이 느껴집니다. 교실에서 맞닥뜨리는 온갖 삶의 문제를 풀어가는 지혜가 보입니다. 교육의 본질은 또렷해지고 부모와 교사 역할을 어떻게 해야 할지, 아이들과 어떻게 살아가야 할지 그림이 그려집니다.

《맨날맨날 이런 공부만 하고 싶어요!》는 술술 읽힙니다. 누구나 쉽게 알아듣는 아름다운 우리말로 가득하기 때문이지요. 그렇다고 설렁설렁 읽지 말고 글이 그려 내는 아이들 삶 속으로 깊이 들어가야 합니다. 하루하루 지지고 볶으며 살아가는 교실에서 아이들과 김정순 선생님이 빚어내는 말, 몸짓 그리고 교육활동 밑에 흐르고 있는 핵심 생각을 붙잡아야 합니다. 밑바탕이 되는 교육철학, 삶의 철학을 놓치면 안 됩니다.

김정순 선생님이 아이들과 만들어 가는 이 모든 이야기가 다 교육과정 재구성이고 삶과 일과 놀이가 하나되는 교육과정입니다. 교육과정 해설서나 교육과정 재구성을 풀어 놓은 책에 흔하게 나오는 '도표', '시수', '성취기준', '교육과정 구성요소' 따위는 눈을 씻고 찾아봐도 없지요. 하지만 교실에서 아이들과 지지고 볶으며 살다 느닷없이 벌어지는 온갖 상황에 맞닥뜨리는 순간, 김정순 선생님 교실에서 펼쳐지는 이야깃거리와 교육활동을 눈여겨보아야 합니다. 아이들과 교사가 함께 만들어 가는 교육과정의 본보기로 삼으면 좋겠습니다.

우리 삶을 가꾸는 학교

코로나19로 온 나라가 혼란스러울 때 저는 몸이 좋지 않아 아이들과 한 해 동안 헤어졌어요. 학교를 가지 않고 아픈 몸을 고치려고 병원도 다니고 운동도 열심히 했지요.

사람들과 만남을 멈추고 오로지 혼자서 보낸 시간이 많았습니다. 사람이 그리웠어요. 내 온몸과 마음이 깨어나지 못하고 그물 속에 갇혀 있었지요. 몹쓸 전염병이 너무나 지독해서 사람들끼리 만나지 못할 때 우리 미래도, 교육도, 아이들도 그물 속에 갇혀 버렸습니다.

그물 속에 갇혔어도 사람들은 만나야 했고 그 만남은 통신망 속에서 이루어졌지요. 빛과 소리로 만나는 화면 속 세상이 교실을 대신했어요. 아이들은 학교에 가지 못하니 집에서 네모난 기계 속 선생님 목소리에 따라 움직이는 로봇이 되어 가는 듯했어요. 얼굴을 보고 학교에서 만나더라도 마스크로 입을 가린 채 거리를 유지해야 했지요. 교육의 방향도 어지러워 지금까지 생각했던 것이 통하지 않았어요.

'몸을 움직여 감각을 일깨워야 하는데 저렇게 갇히면 안 되는데……'

아이들과 헤어져 있었지만 눈물이 나고 가슴이 답답했습니다.

"사람은 왜 배울까요?"

윤구병 선생님께서는 늘 이 물음을 던지셨어요. 그럴 때마다 뭔가 거창한 목적을 생각했던 기억이 납니다. 그렇게 머리 굴리기만 했던 제가 고개를 끄덕였던 건 선생님의 한마디였어요.

"살려고."

그래요, 사람은 살려고 배웁니다. 배워야 살 수 있어요. 사람은 태어나는 순간부터 혼자 살 수 없고 서로 도움을 주고받으며 살아요. 배움도 마찬가지입니다.

학교에서 배움은 아이들이 잘 살 수 있는 터전을 만들어 주고, 아이들이 마음껏 자신을 펼칠 수 있도록 도와야 해요. 교실에서 아이들과 만날 때면 마음 한가운데 '내가 그렇게 하고 있나?'를 늘 생각합니다.

그래야만 아이들이 자기 스스로 삶을 가꾸는 힘을 키워 나갈 수 있는 교실을 만들 수 있을 거라 믿었어요. 아이들이 하고 싶은 것을 할 수 있게 들어주고 도와주니 아이들은 서로 함께 배우며 삶을 가꾸었어요.

그동안 글쓰기 공부 모임에서 '삶을 가꾸는 글쓰기'를 공부했지만 글을 많이 쓰지는 못했습니다. 교실에서 아이들과 쓴 글을 문집으로 엮기만 했어요. 그러다 어느 날 보리출판사에 갔어요. 〈개똥이네 놀이터〉를 잘 보면 교실에서 아이들과 여러 활동을 할 때 도움이 된다고 말했어요. 교실에서 아이들하고 지내는 이야기를 여러 부모님과 교사들과 나누면 좋겠다고 했어요. 그래서 〈개똥이네 집〉에 우리 반 이야기를 싣게 되었습니다.

그로부터 3년 동안 우리 반 사는 이야기를 실었어요. 이렇게 썼던 글을 모아 다시 살피고 다듬어 이 책으로 드러냅니다.

글 쓸 때면 날카로워져 투정을 부릴 때가 많은데 잘 받아 준 남편 영근샘에게 고마움을 전합니다. 그리고 둔대초등학교에서 함께한 선생님들, 우리 다사랑반 개똥이들, 학부모님들께도 고마운 마음을 전해요.

고맙습니다.

2021년 4월

김정순

차례

추천하는 글 초록샘과 아이들이 함께 가꾸어 가는 아름다운 교실_최관의 · 4
들어가며 우리 삶을 가꾸는 학교 · 7

1부
봄

새 학년 준비 · 15

이름에 꿈과 희망을 담아요 · 20

우리 반 대표 뽑는 날 · 26

봄 보물찾기 · 31

종합선물꾸러미 · 40

한 뼘 텃밭 농사 · 46

개똥이 어린이 농부학교 · 52

선생님! 병아리 키워요 · 56

세상을 향해 날아간 나비 · 62

개똥이 탐험대 · 68

두근두근 우리 마을 중심지 탐험 · 73

신발주머니가 없어졌다 · 78

2부
여름

개똥이들과 시 쓰며 공부해요 · 85

개똥이들 여름 소풍 · 90

달빛 교실 · 95

선생님, 팥빙수 해 먹어요 · 100

여름방학 선생님 집에서 하룻밤 · 105

3부

가을

여름이 가고 가을이 와요 · 113

가을이 준 선물 · 121

살아 있는 모든 것을 사랑해야지! · 127

일등도 꼴찌도 없는 운동회 · 132

토요일 아침 산에 올라요 · 137

개똥이들과 한가위 맞이 · 141

몸으로 배우고 나누는 공부 · 146

황토방에서 배움을 열다 · 151

여학생의 날 · 156

남학생의 날 · 162

4부

겨울

추운데 우리 뭐 하지? · 169

눈썰매 타고 놀아요 · 175

우리도 김장해 보려구요 · 180

선생님이 보여 주는 연극 '백일홍' · 186

아름다운 마무리 · 191

나가며 8년 전 그날 · 196

일러두기

- 김정순 선생님이 둔대초등학교에서 아이들과 2017년 5월부터 2020년 3월까지 3년 동안
  생활하며 썼던 글을 모은 책입니다. 글은 가르친 해와 반을 구분하지 않고 봄, 여름, 가을,
  겨울로 나누어 시간 순서대로 배열했습니다.
- 김정순 선생님은 '아이들을 사랑하고 아이들이 사랑하는 선생이 되자'는 마음으로 반 이
  름을 '다사랑반'으로, 아이들을 '사랑이'로 부릅니다. 이 책에서는 '개똥이'로 불렀습니다.
- 아이들 글은 띄어쓰기만 고치고 입말은 그대로 살렸습니다.

1부

봄

새 학년
준비

새 학년이 시작됩니다. 새 학년 시작을 맞아 개똥이들도, 개똥이들을
학교에 보내는 엄마 아빠도 이것저것 준비할 게 많아 바쁘고 설렙니다.
저도 학교에서 개똥이들을 맞이할 생각에 마음이 쿵쾅쿵쾅거립니다.
모든 것이 새로 시작되니까 누구나 비슷한 마음이겠죠.

설레는 마음에 일이 손에 잘 잡히지 않아요. 마음이 어지러울 때 몸
을 깨끗이 하면 마음이 개운해집니다. 그래서 비누와 수건을 챙겨 목욕
탕에 갑니다. 달에 두 번 목욕탕을 가지만 한 번 더 목욕탕에 다녀옵니
다. 이렇게 뭐라도 해야 마음이 편해집니다.

새 학년 개똥이들을 만나는 일은 쉽지 않아요. 꼭 사랑이 싹틀 때처
럼 아련한 느낌입니다. 머리부터 발끝까지 온 신경이 곤두서 있지요.
새로 만날 개똥이들 생각을 하며 옷장 문을 엽니다. 옷걸이에 걸린 옷
들을 둘러봐도 마음에 들지 않습니다.

'무슨 옷을 입고 가지? 옷은 많은데 입을 옷이 없어.'

'검정색 옷밖에 없네. 옷은 맨날 사는데 어휴, 옷 좀 보러 가야겠다.'

'첫 만남에 우중충한 모습으로 갈 순 없지.'

마흔 중반을 넘겼는데 개똥이들 처음 만나는 날은 가장 예쁜 옷을 입고 싶어 마을 옷 파는 가게를 돌아다닙니다. 옷을 자주 사지 않지만 개똥이들 처음 만나는 날엔 예쁘게 보이고 싶습니다. 사실 개똥이들한테 겉만 잘 보이려 한 건 아니에요. 개똥이들과 첫 만남을 위해 교실에서도 여러 일을 합니다.

그 가운데 가장 먼저 하는 일은 개똥이들이 쓸 교실을 깨끗이 청소하는 겁니다. 해마다 같은 교실을 쓸 때도 있지만 교실이 바뀔 때가 더 많습니다. 교실마다 이삿짐 대이동을 시작합니다. 한 해 동안 개똥이들과 공부할 책과 온갖 살림살이가 상자마다 가득하죠. 개똥이들과 살아가려면 필요한 것들이 많아요. 이 짐들을 올해 쓸 교실로 옮기려면 하루 종일 걸립니다. 짐을 옮길 때는 바퀴 달린 의자에 짐을 실어 복도에서 밀기도 하고 이동용 손수레에 짐을 실어 옮기기도 합니다. 우리 교실에 있던 짐은 하도 많아서 열 번 넘게 왔다 갔다 합니다.

책상을 가운데 모아 놓고 가져온 짐들을 책상 위에 올립니다. 난장판입니다. 아직 짐을 정리해서 넣을 수는 없죠. 사물함이며 책꽂이며 먼지가 가득합니다. 창문을 열고 구석구석 먼지를 닦아 냅니다. 하루 종일 이삿짐 정리를 하고 나면 허리도 뻐근하고 먼지 탓인지 손바닥과 손가락 살은 금세 거칠거칠해집니다. 따뜻한 물에 손을 씻고 손크림을 바른 뒤 털썩 주저앉아 숨을 고릅니다.

2월이라 개똥이들은 학교에 없습니다. 그런데 방과후 특별수업을 하러 오거나 도서관에 책을 읽으러 온 개똥이들이 복도를 지나갑니다. 순간 눈을 마주치면 얼마나 반가운지 벌떡 일어나 말을 겁니다.

"안녕? 방과후수업 끝났어?"

"네, 선생님."

제가 이렇게 앉아 있으면 개똥이들은 말만 걸지 도와준다는 이야기를 할 생각까지는 못하죠. 그래서 제가 어른이지만 힘들다고 먼저 손을 내밉니다.

"선생님 도와줄 수 있어? 오늘 하루 종일 이 짐 옮기느라 진이 다 빠졌네. 시간 있으면 책꽂이에 책 정리만 도와줘. 우리 마치고 분식집에 가서 같이 떡볶이 먹자."

개똥이들이 와서 도와주면 금세 일이 마무리됩니다. 이렇게 짐을 정리하고 교실을 물걸레로 구석구석 닦아 냅니다. 교실 냄새가 훨씬 상쾌합니다.

이제 개똥이들이 3월 첫날 교실에 들어오면 낯설지 않게 교실을 꾸밉니다. 꾸민다고 해서 거창한 건 아니에요. '다사랑 만나서 반가워요' 이렇게 교실 앞에 환영하는 인사말을 써 두는 거지요. 그리고 교실에 들어와서 할 일을 뒷문에 써 둡니다.

1. 교실에 들어오면 교실한테 반갑다고 마음으로 먼저 인사합니다.

2. 교실 뒤 게시판 노란 나비 종이에 자기 이름이 써 있을 거예요. 이름에서 마지막 글자를 선생님이 빠뜨렸어요. 채워 주세요. 틀린 글자도 고쳐 주고요.

3. 책상에 수첩이 있을 거예요. 자기 이름을 찾아 앉으세요. 그리고 이름이 적힌 수첩에 지금 마음을 써 주세요.

4. 재미있는 책이 있어요. 심심하면 읽어도 좋아요.

3월 첫날, 저는 교실에 일찍 들어가지 않아요. 복도를 지나면서 개똥이들이 교실에 있는 모습을 슬금슬금 엿보기만 하죠. 그러다가 개똥이들이 다 왔을 때 교실에 살그머니 들어갑니다. 교실에 들어가기 전에 어떤 말을 할지 참 고민이 많아요.

먼저 개똥이들이 쓴 수첩을 봅니다. 모두들 새 학년이 되어 마음이 떨린다고 합니다. 저도 떨립니다. 크게 숨을 들이마십니다.

"안녕!"

배에 힘을 주고 씩씩하게 손을 흔들며 교실로 들어갑니다.

"안녕하세요?"

첫날이라 어색한지 개똥이들은 기어들어 가는 작은 목소리로 인사합니다. 아직 우리들은 서로를 잘 몰라 눈치를 봅니다.

"반가워요. 선생님 소개를 하기 전에 선생님이 문제를 내 볼까 하는데 진짜를 찾아내는 거예요. 넷 가운데 진짜가 하나 있어요. 잘 들어 봐요."

"하나, 선생님은 외계인이다."

말하기가 무섭게 개똥이들이 웅성거립니다.

"에이, 거짓말하지 마세요. 무슨 외계인이라고, 외계인 본 사람이 없는데……."

"아니 아니, 끝까지 잘 들어 봐야지?"

웅성거리던 소리가 잠잠해지면 다시 말을 잇습니다.

"둘, 선생님은 140살이다."

"셋, 선생님은 새벽 세 시에 일어난다."

"넷, 선생님은 이 동네에 산다."

"힌트를 얻고 싶으면 지난해 다사랑반 선배들한테 물어봐요. 알려 줄 거예요."

이렇게 저에 대한 호기심을 불러일으킵니다.

그러고는 바닥에 둘러앉아 권정생 선생님의《강아지똥》(정승각 그림, 길벗어린이)을 봅니다.

"혹시 이 책 알고 있니?"

"저, 다 읽은 건데요."

"누가 쓴 책일까?"

아무도 말하지 않아 조용히 이름을 천천히 말했어요.

"권……정……생 할아버지, 지금은 돌아가셨어. 선생님은 할아버지가 돌아가시기 전에 한 번 만났는데 그다음 해에 돌아가셨어. 할아버지는 이 세상엔 쓸모없는 게 하나도 없다고 했어. 너희들은 선생님에게 가장 소중한 보물이지. 우리 한 해 동안 재미나게 살아 보자."

이렇게 개똥이들하고 권정생 할아버지 이야기와 백창우 선생님이 만든 '강아지똥' 노래를 몸짓으로 만들면서 새 학년 첫날을 엽니다.

서로가 어색했지만 앞으로 펼쳐질 내일이 기대됩니다. 그래서 더 가슴이 콩닥거립니다.

이름에 꿈과
희망을 담아요

우리 반 이름

개똥이들은 새 교실에서 새로운 선생님, 새로운 동무들과 한 달을 살았습니다. 처음 만난 사이라 어색했지만 며칠이 지나자 금세 친해졌어요. 그런데 쉬는 시간마다 서로 생각이 맞지 않아 부딪히기도 합니다.

원석이가 얼굴이 발갛게 달아올라 씩씩거리며 교실 문을 열고는 억울하다고 엉엉 웁니다. 원석이는 자기 뜻이 전달되지 않으면 잘 웁니다. 우는 원석이에게 다가갑니다.

"원석아! 왜 그래?"

"애들이 나만 빼고 놀잖아요."

"왜? 원석이가 동무들에게 피해 준 거 있니?"

"애들이 내 말은 안 들어준단 말이에요. 그래서 화가 나서 모래를 던졌어요."

"원석이 말을 안 들어줘서 기분이 많이 나빴구나!"

"네, 맞아요."

"근데 화가 난다고 모래를 던진 건 어떻게 생각해?"

"사실 모래를 일부러 던진 건 아니에요."

원석이는 얼굴이 붉으락푸르락 달아올라 더 큰소리로 말했어요.

"근데 정말 화가 나서 참을 수가 없었어요."

"그래, 알겠다. 원석이가 화가 난 건 이해해. 당연히 화가 나지. 하지만 다음엔 화가 나면 바로 화내지 말고 숫자를 열까지 세어 줄래? 그러면 마음이 조금 편안해질 거야. 그러고도 화가 나면 선생님에게 도와 달라고 해 줄래?"

원석이와 저는 새끼손가락으로 약속하고, 아이들 마음을 하나로 묶을 수 있는 방법을 궁리했어요. 그리고 다음 날 개똥이들에게 우리 반 이름을 함께 만들자고 했답니다. 우리가 같이 만드는 반 이름에는 함께 사는 가치가 담기고 우리 반이 한 해 동안 살아갈 약속이 드러나기 때문이에요.

점심을 먹고 우리 반 개똥이들은 교실 한가운데 모두 동그랗게 모여 앉았어요.

"우리가 동무를 부를 때, 무엇을 부르나요?"

"이름이요."

"그럼 우리 반 이름은?"

"다사랑반이요."

"다사랑반 뜻을 아는 동무가 있을까?"

"모두 다 사랑한다는 거 아니에요?"

"잘 알고 있는데, 다사랑반은 모두 다 함께 사랑하고 하나되는 반이라는 뜻으로 초록샘이 처음 선생님을 할 때 만든 우리 반 이름이에요. 하지만 이건 선생님이 정한 이름이에요. 올해 우리 반 이름은 우리가 직접 정할 거예요."

그러고는 아이들에게 함께 할 숙제를 던집니다.

"여러분이 '우리 반은 이랬으면 좋겠다' 하는 생각을 담아 직접 반 이름을 만들어 봤으면 해요."

"네."

아이들도 해 보겠다고 웃습니다. 개똥이들에게 붙임 종이를 한 장씩 나누어 주었어요.

"붙임 종이에 우리들이 바라는 반을 자유롭게 써 보세요."

교실을 돌아다니면서 살펴보니 처음엔 무엇을 쓸까 고민하던 아이들도 곧 자기 생각을 드러냈어요. 그리고 쓴 것을 한 명씩 돌아가며 말합니다.

- 우리 반은 이대로 다사랑반이 좋은 것 같아요. 왜냐하면 규칙을 바꾸면 그 규칙에 또 익숙해져야 하잖아요. 그래서 이대로가 좋아요.
- 나도 '다사랑반' 그대로이면 좋겠어요.
- 우리 반은 싸움이 일어나지 않고 친하게 지냈으면 좋겠어요.
- 우리 반은 싸우지 않았으면 좋겠어요. 왜냐하면 기분이 안 좋아요.
- 우리 반은 행복이 가득했으면 좋겠어요.
- 우리 반은 다치지 않았으면 좋겠어요.
- 우리 반에서는 학교폭력이 없으면 좋겠어요.

- 우리 반은 즐거운 반이었으면 좋겠어요.
- 우리 반은 슈팅스타 축구를 많이 했으면 좋겠어요.
- 우리 반은 생태놀이를 많이 하길 바라요.
- 우리 반은 표현놀이를 많이 해요.

이렇게 개똥이들이 원하는 반을 말하고 나서 묶을 수 있는 것끼리 모아서 이름을 만들었어요. 처음 붙인 이름인 다사랑반을 그대로 이어 가자고 해서 '다사랑', 싸움과 폭력이 없는 곳은 어떤 것으로 묶을까 했더니 '행복 마을'로 하잡니다. 하고 싶은 놀이와 활동들은 '여행'하는 것과 비슷하다고 합니다.

그래서 함께 만든 우리 반 이름은 싸움과 따돌림 없이 즐거운 '다사랑 행복 마을 여행 이야기'가 되었습니다. 개똥이들이 직접 만든 우리 반 이름을 모두 한 글자씩 맡아서 다사랑반 교실 유리창에다 꾸몄어요. 그러고는 한 달 동안 붙여 놓았지요. 우리는 날마다 우리 반 이름을 바라보았어요.

꿈을 담은 내 이름표

개똥이들은 하고 싶은 것이 많아요. 하루에도 몇 번씩 마음이 바뀌고 꿈도 몇 번씩 바뀐답니다. 그래서 미술 시간에 자기 이름에 꿈을 담아 보기로 했어요. 개똥이들에게 "너희들 어른이 되면 어떤 일을 하고 싶니?" 하고 물으면 개똥이들은 어떤 꿈을 말할지 곰곰이 생각해 보았어요. 그런데 어릴 적엔 어른이 되어 하고 싶은 일을 자세하게 말하기 힘들어요. 그래서 바꾸어 물었어요.

"개똥이들이 잘하는 것, 좋아하는 것이 무엇일까? 어른이 되어 내가 잘하거나 좋아하는 것을 하면서 산다고 생각해 보세요. 그리고 내가 좋아하는 것을 하면서 그것이 사람에게 자연에게 이 세상에게 이롭다면 더 좋겠지?"

좋아하는 것이나 하고 싶은 것을 곰곰이 생각해 보고 자기 이름을 그림으로 꾸며 보라고 했어요. 그리고 그림에 꿈도 담아 보라고 했지요. 그랬더니 개똥이들은 자기가 좋아하는 것과 하고 싶은 것을 이름에 담았답니다.

- 서현이는 글 쓰는 것을 좋아합니다. 그래서 어른이 되면 글 쓰는 일을 하고 싶다고 해요. 잠시 소파에 앉아 편안히 쉬기도 하구요.
- 장호는 외국어와 과학에 뛰어난 재능을 가지고 있어요. 그런데 요리하는 장호가 되고 싶다고 합니다. 요리에는 과학이 숨어 있고 요리가 재미있답니다. 요리를 즐기는 과학하는 어른! 참 멋져요.
- 태은이는 식물과 동물 돌보는 것을 좋아해요. 그래서 어른이 되면 늘 동물과 식물을 돌보는 일을 하고 싶대요. 마음이 참 예쁩니다.
- 하민이는 자연에 호기심을 가지고 그 호기심을 탐구하는 것을 좋아합니다. 그래서 자연을 탐구하는 과학자가 꿈이랍니다.

개똥이들 꿈은 늘 바뀝니다. 아마 내일이 되면 또 하고 싶은 것이 바뀔 수도 있겠죠. 어른이 되어 내가 좋아하는 일을 하면서 즐기고 나누는 삶을 살기를 바랍니다. 그리고 개똥이들이 자기 꿈을 생각하고 이 세상의 빛이 되는 일을 궁리하면서 살아갔으면 합니다.

우리 반
대표 뽑는 날

3월이 시작되면 우리 반을 이끌어 갈 '다모임 대표'를 뽑아요. '다모임 대표'란 반장, 부반장을 부르는 다른 말입니다. 우리 학교는 '전교 다모임'이라는 학교자치회 회의를 주마다 해요. 다모임 대표가 되면 주마다 전교 다모임 회의에 참석하고 학교행사를 이끌어야 해요. 그래서 다모임 대표를 맡는 것을 힘들어하는 개똥이들이 있어요. 후보자로 나오는 것도 망설이고요. 3학년은 선거나 투표라는 말이 아직 익숙하지 않습니다. 그래서 물어봅니다.

"개똥이들은 선거라는 말을 들어 본 적 있어요?"

여기저기서 웅성거릴 때 현재가 말합니다.

"선생님, 우리 엄마는 투표하는 날 동사무소에서 일하셨어요."

"현재 어머니는 투표 종사원으로 일하셨나 보구나. 선거할 때 옆에서 도와주는 분들이 필요한데 그분들이 있어서 투표가 잘 이루어질 수 있어요. 우리 개똥이들도 어른이 되면 대통령과 국회의원처럼 우리나라나 지역을 위해 애쓸 대표를 뽑을 수 있어요. 대표자를 잘 뽑아야 우리 지역과 나라가 잘 살 수 있겠죠. 마찬가지로 지금 우리 반을 대표할 대표도 잘 뽑아야 해요. 그래야 우리 반 동무들 생각과 의견을 잘 전할 수 있어요. 먼저 선거를 치르기 전에 선거관리위원회가 필요한데요, 선거관리위원으로 일할 동무 두 명을 뽑아야 해요."

개똥이들은 스스로 주인이 되는 것이 무엇인지 자기가 경험한 것을 말하고 학급 다모임 대표가 왜 필요한지 서로 이야기 나누었어요. 그리고 '다사랑반 선거관리위원'을 뽑았어요. 서로 선거관리위원을 하겠다고 해서 모둠에서 한 명씩 추천해 두 명을 뽑았어요.

"먼저 이번 학급 다모임 대표 선거에 나오고 싶은 동무들은 선거관리위원회에서 내는 알림종이를 보고 학급 다모임 대표 후보 등록을 해야 합니다."

선거관리위원회에서 공고문을 낸 뒤 개똥이들은 많이 예민해졌답니다. 다모임 대표 후보로 나서고 싶은 아이들은 말과 행동이 달라지고 많이 조심스러워졌어요. 후보 추천 기간 동안 추천을 받지 못하면 후보 등록을 할 수 없기 때문이죠.

교실 여기저기서 어떤 동무가 학급 다모임 대표가 되면 좋을지 이야기를 나눕니다. 그리고 대표로 알맞은 후보를 추천합니다. 어른들만큼이나 개똥이들도 조심스럽고 자세하게 후보를 살펴보고 추천합니다.

추천을 받은 후보자들은 '후보 등록서'를 선거관리위원회에 내야 합니다. 후보들이 직접 추천서를 받아야 하기 때문에 평소 동무들과 사이가 좋지 않은 아이들은 후보 등록서를 내지도 못합니다. 또 후보 등록서를 내고도 떨어질까 봐 많이 걱정합니다. 그래서인지 후보가 나오질 않았어요. 어쩔 수 없이 선거관리위원으로 일하던 서진이가 선거관리위원을 사퇴하고 다모임 대표 후보 등록을 했답니다.

드디어 두 명이 후보 등록을 했어요. 남학생 후보인 서진이는 수업 태도나 동무 관계가 좋고 대표로서 자질이 있었어요. 또 다른 후보, 여학생 윤지는 재미있고 동무들과 잘 지냈어요. 자칫 남학생, 여학생 인기투표가 되지는 않을까 염려도 되었어요. 우리 반은 모두 스무 명인데 남학생 열네 명, 여학생 일곱 명으로 남학생 수가 많기 때문이었죠.

후보자들이 공약을 발표하는 시간입니다. 먼저 후보들에게 발표문을 준비해 오라고 했어요. 후보자들은 다모임 대표가 되고 싶은 까닭과 공약을 준비해 발표했어요. 그러고 나서 후보자끼리 묻고 답했어요.

"만약에 아이들이 싸우면 서진 후보자님은 어떻게 해결하겠습니까?"

윤지 후보가 떨리는 목소리로 묻자 서진 후보가 1분 정도 뜸을 들이다가 이렇게 말했어요.

"저는 선생님에게 바로 가서 알리겠습니다."

개똥이들은 크게 웃었습니다.

"이번에는 윤지 후보자님께 묻겠습니다. 사이가 좋지 않은 동무가 있어요. 이 둘을 사이좋게 하려면 후보자는 어떻게 하겠습니까?"

후보자들이 차례대로 답을 하는데 또렷하게 자기 생각을 드러내지 못했어요. 그러다가 한 후보가 진심으로 동무들을 위하는 마음을 드러냈어요.

"저는 사이가 좋지 않은 두 동무들과 시간을 내서 함께 놀겠습니다. 같이 놀다 보면 사이가 좋아질 것입니다."

평소 말하는 것을 부끄러워하고 남 앞에 서서 발표하는 것을 어려워하던 아이였는데 여러 동무들 앞에서 자기 생각을 또렷하게 말하며 자신감을 드러냈지요.

가슴 떨리는 투표 시간이 되었어요. 남자 대표 한 명과 여자 대표 한 명을 뽑아야 했기 때문에 찬반 투표로 진행되었고 두 후보는 당선이 되었어요. 투표가 끝나고 당선 소감을 발표했어요. 우리 반을 위해 한 학기 동안 최선을 다하겠다고 말하고 인사하는 당선자들 얼굴에 웃음이 가시지 않았어요.

마지막으로 초록샘이 말했어요.

"다모임 대표는 우리 반을 위해 애써 줄 일꾼입니다. 한 학기 동안 우리 반을 위해 최선을 다해 주기 바랄게요. 다모임 대표들에게 격려하는 마음으로 손뼉을 쳐 주세요."

후보자가 두 명이어서 무투표당선으로 인사만 하고 마칠 수도 있었지만, 개똥이들이 스스로 대표를 뽑고 다사랑반의 주인이 되는 시간이었습니다.

다모임 대표 뽑는 날

장서진

오늘 다모임 대표를 뽑았다. 다모임 대표는 전교 회의에 참석하고 반장 역할을 하며 각 반에 남, 여 한 명씩 뽑는다. 원래 나는 후보가 아닌 선거관리위원회에 속해 있어서 선거를 관리해야 하는데 우리 반은 후보가 없어서 초조하게 상황을 지켜보고 있었다.

아침에 학교 갈 준비를 하면서 우리 반은 후보가 없는 거에 대해서 엄마께 고민을 털어놓았다. 그랬더니 "선생님이 같이 방법을 찾아볼 시간을 가질 테니까 걱정하지 마"라고 하셨다. 등교해서 선생님께서 모두가 다모임 대표에 출마할 수 있고 모두가 후보라고 말씀하셨다. 추천인 세 명이 있어야지 후보가 될 수 있는데 다행히 동무들이 추천을 해 주어서 최종 후보로 나가게 되었다.

남자는 나뿐이었고 여자도 윤지밖에 없었는데 선생님께서 찬반 투표로 결정한다고 하셨고 찬성이 많으면 당선된다고 하셨다.

나의 공약은 첫째, 전교 다모임 회의에 우리 반의 의견을 잘 전달하겠다. 둘째, 깨끗한 교실을 만들겠다. 셋째, 평화로운 반을 만들겠다. 넷째, 재미있는 학교 분위기를 조성하겠다.

이렇게 총 네 가지 공약을 발표했다.

드디어 투표가 시작되었고 나랑 윤지가 대표로 결정됐다.

앞으로 어떤 할 일이 주어질지 궁금하고 기대되기도 한다.

내가 약속한 공약들을 잘 지켜 좋은 반을 만들고 싶다.

얼른 월요일이 되어 첫 임무를 잘 맞이하고 싶다.

봄
보물찾기

진달래 꽃전 만들기

오늘은 설레는 마음으로 학교에 갑니다. 우리 반 개똥이들도 바쁘게 학교에 올 것 같아요. 오늘은 함께 진달래 꽃전을 부쳐 먹기로 약속한 날이거든요.

지난 학급회의 시간에 개똥이들이 재미있는 활동을 하고 싶다고 건의를 하더라고요. 그래서 개똥이들이 하고 싶어 하는 것을 교육과정에 맞게 재구성하고 자연생태수업과 연계해서 미술 시간에 진달래 꽃전을 만들기로 했습니다. 주말 과제로 식구들과 마을 뒷산에 올라 진달래 꽃을 따서 수술을 떼고 깨끗이 씻어 준비해 오기로 했어요.

"개똥이들은 음력이란 말 들어 본 적 있어요?"

"달력에 보면 큰 날짜 밑에 적힌 작은 날짜잖아요."

"맞아요. 음력은 옛날 사람들이 날짜를 세던 방법이에요. 달이 지구를 한 바퀴 도는 시간을 기준으로 만든 달력이에요. 음력 3월 3일을 삼월 삼짇날이라고 하는데 봄을 알리는 명절이랍니다. 옛날부터 사람들은 이때에 산에 올라가 진달래꽃을 넣어 전을 부쳐 먹으면서 봄을 즐겼다고 해요."

"선생님, 우리도 빨리 진달래 꽃전 부쳐 먹어요."

개똥이들이 보챕니다. 그런데 갑자기 수민이가 손을 들고 물어요.

"선생님, 그런데 엄마가 진달래에 다른 이름이 있다고 했어요."

"그래요, 진달래는 다른 이름이 있어요. '참꽃'이라고도 하는데, 진달래와 비슷한 철쭉은 '개꽃'이라고 한답니다. 진달래는 먹을 수 있어서 참꽃, 철쭉은 먹을 수 없어서 개꽃이라고 하지요. 진달래가 먼저 피었다가 질 무렵에 연달아 피어서 '연달래'라고도 한대요."

꽃전을 만들어 먹기 전에 진달래에 대해 이야기도 나누고 진달래의 모양과 색깔, 철쭉과 다른 점도 알아보았어요.

"진달래 꽃전 만들어 본 동무가 있나요?"

여기저기서 우르르 손을 듭니다.

"2학년 때 엄마들이 학교에 와서 프라이팬에 부쳐 먹었어요."

"오호, 그래요. 그럼 이제 3학년이 되었으니까 선생님 설명 듣고 동무들과 같이 만들 수 있겠네요."

개똥이들은 스스로 만들 수 있다는 자신감이 넘쳤습니다. 기름과 전기 프라이팬을 쓰기 때문에 먼저 안전 지도를 하고 진달래 꽃전 만드는 방법을 설명했어요.

진달래 꽃전 만드는 방법

1. 찹쌀가루를 교실에서 반죽하는 건 너무 번거로워서 방앗간에 미리 익반죽을 주문해 두었습니다. 다섯 모둠에게 필요한 만큼 나누어 주었어요. 진달래

꽃은 주말에 아이들이 식구들과 따 두었다 가져왔고, 진달래꽃이 없는 동무들은 짝과 나누어 함께 만들었어요.

2. 찹쌀반죽을 동글납작하게 빚고 그 위에 진달래꽃을 얹어 떨어지지 않게 살짝 눌러 주었어요. 동글납작하게 빚기도 하지만 자기만의 모양을 만드는 아이들도 있어서 별 모양, 달 모양, 반달 모양처럼 여러 가지 모양으로 정성껏 빚었어요.

3. 프라이팬에 구울 때는 모둠에서 만들어 놓은 것을 차례대로 가지고 나와 구워요. 전기 프라이팬이 달궈지면 기름을 두르고 꽃이 위로 보이게 하고 익을 때까지 지집니다.

4. 다 익은 꽃전은 두 개씩 맛봅니다. 조청이나 꿀을 발라 먹으면 더 맛있지요. 나머지 꽃전은 통에 담아 집에 가져가 식구들과 나눠 먹습니다.

진달래 화전 만들기

양시영

4월 10일 월요일 날씨: 미세먼지

우리 반에서 진달래 화전을 만들어 먹었다. 선생님이 화전은 삼월 삼짇날에 먹는 거라고 하셨다. 재료는 찹쌀 반죽, 진달래였다. 찹쌀 반죽이 무슨 맛일지 궁금하다. 만드는 방법은 찹쌀 반죽을 둥글게 작은 공으로 만들고 다음에 납작하게 누른 후 진달래를 위에 올린다. 솔직히 맛은 꿀이나 설탕을 안 묻히면 반죽 맛밖에 나지 않는다. 그래도 설탕을 묻혀서 맛있었다. 집에 아직 진달래가 남아 있어서 집에서도 만들어서 먹으면 좋겠다.

진달래 화전

4월 10일 월요일

진달래 화전을 만들었다. 어제 내가 진달래를 따 온 게 아니라 아빠가 따 오셨다. 나는 진달래 화전을 토끼로 꾸몄다. 좋았다. 그런데 원석이는 여우라고 하였다. 이상했다. 재미있었다. 좋았다.

진달래 꽃전 만들기

박나희

4월 10일 월요일 날씨: 조금 추움

선생님이 진달래가 먼저 피고 철쭉이 핀다고 하셨다. 오늘 알았다. 진달래 화전은 먼저 손을 씻고 선생님이 반죽을 나눠 주셨다. 반죽을 만지니 말랑말랑했다. 반죽을 500원 동전만큼 뜯어서 동그랗게 만들고 손바닥으로 꾹 눌렀다. 그 위에 진달래를 올렸다. 예뻤다. 최율이 별 모양으로 반죽을 만들어서 나도 하트, 세모, 네모 등등 여러 모양을 만들었다. 재밌었다. 선생님이 화전을 튀길 땐 신기했다. 진달래 화전을 선생님이 그릇에 담아 주셨다. 난 세 개를 먹었다. 맛있었다. 엄마랑 또 만들어 보고 싶다.

봄 보물찾기

따뜻한 봄바람이 살랑살랑 불어옵니다. 여기저기 봄꽃들이 피어 개똥이들을 꼬드겨요. 그런데 언제부터인가 미세먼지 탓에 바깥 놀이는 엄두도 못 내요. 교실에만 있어야 하는 개똥이들 마음도 날씨만큼이나

34

희뿌연 먼지로 가득하답니다.

다행히 오늘은 날씨가 좋아요. 이런 날에는 열 일 제쳐 놓고 바깥나들이를 하자고 합니다. 저 또한 개똥이들만큼이나 맑은 봄날 나들이가 그리웠어요.

개똥이들과 운동장 둘레를 한 바퀴 돌았어요. 얼굴에 닿는 바람결을 느끼며 천천히 돌았어요. 개똥이들은 온몸으로 바람을 느끼며 뛰었고요.

"오늘은 우리 둘레에서 봄 보물을 찾을 거예요."

"선생님, 보물이 어디에 있는데요?"

"우리 둘레에 있다니까."

"봄 보물이 뭐예요? 보물을 어디에 숨겼는데요?"

"선생님이 보물을 숨겨 두진 않았어요. 봄 보물은 말이지, 겨울에 모습을 숨겼다가 봄이 되어 우리한테 모습을 드러내는 것들이에요. 우리가 자세히 살펴보고, 잘 들어 보고, 몸과 마음으로 잘 느껴야 찾을 수 있는 거예요."

개똥이들에게 봄 보물찾기 설명을 해 주었지만 잘 찾을 수 있을지 걱정이 되었어요. 걱정은 붙들어 매고 보물을 찾은 다음에 할 일도 알려 주었어요.

"자기가 찾은 게 보물이라고 생각되면 그것을 보자마자 마음속에 떠오르는 것이 있겠지? 그때 떠오르는 것을 그대로 글로 쓰면 되는 거야. 참, 그리고 글로 쓰기 전에 보물한테 말을 걸어 봐요. 아마 재미난 이야기도 해 줄걸."

개똥이들은 운동장을 돌아다니며 뛰기도 하고 구석진 곳에 앉기도 합니다. 따뜻한 햇살을 온몸으로 받으며 찾은 보물들은 무엇일까요?

개똥이들이 운동장을 돌며 찾은 보물들은 시가 되고 노래가 되었습니다.

목련

고민재

목련 꽃봉오리가 팡!
내 마음도 팡!
목련 꽃잎이 활짝 !
내 웃음도 활짝!

벚꽃

박원희

하아얀 요정들이 옹기종기 모여
하아얀 치맛결 살랑살랑 날려 준다.

쑥 뜯으러 가요

봄 보물찾기를 하고 나서는 쑥을 뜯으러 갔어요. 파란 하늘 아래 햇빛과 바람도 우리와 함께해요. 쑥 뜯는 게 낯선 개똥이들이라 서로 도와 가며 하라고 모둠을 엮었어요. 넷이 한 모둠이 되어 쑥 뜯으러 가요.

"선생님, 쑥이 어떻게 생겼는지 다 까먹었어요."

"괜찮아, 모둠 동무들이 잘 알고 있으니 찾을 수 있을 거야. 걱정 마."

"선생님, 우리 쑥 뜯어서 뭐 해요?"

"뭐 할까?"

"쑥떡 먹고 싶어요."

"우와! 쑥떡도 맛있겠네. 고소한 콩고물까지 묻히면 더 맛있겠다."

쑥을 뜯는데 입안에 군침이 돕니다.

"근데 우리가 직접 만들어 먹으면 어떨까?"

"쑥으로 뭘 만들 수 있어요?"

"응, 쑥털털이라는 게 있는데……."

"쑥을 털어요?"

"그게 말이지, 쑥을 쌀가루랑 같이 버무린 다음 손으로 쌀가루를 살살 털어서 찜솥에 쩌 내면 쫀득쫀득한 떡이 되는데 그걸 쑥털털이라고 해."

개똥이들과 쑥으로 만든 음식 이야기를 나누며 쑥을 뜯었어요. 둘레에 쑥이 많지만 정성스레 살펴보지 않으면 쉬 놓치고 맙니다. 쑥을 뜯었지만 겨우내 마른 풀들도 섞여서 그대로 먹기에는 지저분했어요.

"선생님, 이렇게 지저분한 걸 어떻게 먹을 수 있어요?"

"그러게, 많이 지저분하네. 어떻게 하지?"

"선생님, 너무 힘들어요."

두 시간 남짓 운동장을 누비며 봄 보물을 찾았습니다. 논두렁에 쪼그려 앉아 재잘대며 쑥을 뜯느라 시간 가는 줄 몰랐지만 이젠 개똥이들도 지쳤는지 여기저기서 그만하자고 합니다.

학교에서 쑥을 캤다. 학교랑 학교 둘레에는 쑥이 많다. 학교에서 쑥을 캐다가 학교 밖으로 나갔다. 학교 밖 뒷동산에도 쑥이 많았다. 애들도 많았다. 시간 가는 줄도 모르고 쑥을 열심히 캤다. 선생님께서 들어

가자고 하셔서 교실로 들어왔다. 나는 쑥을 많이 먹어야겠다. 곰이 마늘과 쑥을 먹고 사람이 되었으니 말이다. (강지한)

오늘 쑥을 캐러 갔다. 처음에는 학교에서 캤다. 학교 쑥은 큼직했다. 그리고 농약도 안 뿌리고 쑥도 많았다. 학교 옆 논두렁에 갔는데 그곳에도 쑥이 있었다. 하지만 거기는 쑥도 그리 크지 않았다. 어떤 친구는 물에 빠지기도 했다. 학교가 더 좋았는데 뒷산은 옷도 버리고 벌레도 많아서 안 좋았다. (정영우)

쑥을 뜯으러 나갔다. 학교에서 쑥을 뜯다가 학교 근처로 나가서 쑥을 뜯었다. 쑥은 가위로 뜯었다. 학교에 있는 쑥보다 학교 밖에 있는 쑥이 크기가 조금 더 작았다. 쑥은 1반, 2반이 모두 같이 캤다. 그리고 밖에 나가서 쑥을 캘 때 어떤 곳에는 물이 고여 있었다. 밖에서는 논두렁에서 쑥을 뜯었다. 나는 일일이 모두 다듬으면서 해서 쑥을 조금밖에 못 모았다. (전규민)

"이제 그만하고 교실에 들어가자."
말이 떨어지기 무섭게 개똥이들이 몰려들었습니다. 개똥이들이 뜯은 쑥을 한곳에 모으고 교실로 들어왔어요. 얼마나 지쳤는지 책을 펼칠 힘도 없다고 합니다.
"선생님, 자고 싶어요."
"그래, 좀 쉬자."
마침 중간 놀이 시간이라 우리는 책상을 뒤로 밀고 모두 교실에 누웠습니다. 개똥이들과 30분 동안 잠을 자려고 누웠어요. 청개구리 같은 개똥이들입니다. 누워 자자고 했더니 눈만 감고 재잘거립니다.

초록샘 옆에 붙어 있던 개똥이들은 옹기종기 모여 앉아 뜯어 온 쑥에서 풀을 골라냅니다. 골라낸 쑥을 깨끗이 씻고 쌀가루와 함께 쪄 쑥털털이를 만듭니다. 교실에서 급식으로 쑥된장국이 나오면 냄새가 싫다고 피하던 개똥이들도 동무들과 함께 뜯어 만든 쑥털털이라 맛나게 먹습니다.

우리 둘레에 흔한 쑥인데도 평소 눈여겨보지 않던 개똥이들이 이제는 쑥이 좋다고 합니다. 둘레에 있는 자그마한 풀 한 포기, 꽃 한 송이, 나무 한 그루를 자세하게 살펴보고 마음을 주는 데서 사랑하는 마음이 자라납니다.

종합선물
꾸러미

다사랑반 5월은 참 바빠요. 5월 5일 어린이날과 5월 8일 어버이날, 5월 15일 스승의날을 맞아 고마운 마음을 전하느라 정신이 없어요.

어린이날은 우리를 위한 선물로 누름꽃 모빌을 만들어 교실을 멋지게 꾸몄어요. 어버이날에는 할머니 할아버지께 편지를 써서 우체국에 가서 부쳤어요. 엄마 아빠에겐 어버이날 종합선물꾸러미를 만들었죠.

선물 하나, 어린이날 누름꽃 모빌

미술 시간에는 누름꽃 모빌을 만들었어요. 개똥이들이 손수 꽃을 따다 말려서 만든 선물이에요. 학교에 오가며 보이는 봄꽃과 들풀을 따 책 사이에 조심스레 넣어 누름꽃을 만들었어요. 물론 봄꽃과 들풀에게 '미안하다, 사랑한다, 고맙다' 인사를 꼭 합니다.

누름꽃 모빌 만드는 방법
1. 두꺼운 책 사이에 휴지를 깔고 따 온 꽃을 넣은 뒤 덮어 누름꽃을 만들어요.

직접 누름꽃을 만드는 일은 생각만큼 쉽지 않아요. 파는 누름꽃만큼 색과 모양을 그대로 남기기는 어렵지만 충분히 누름꽃 모습을 드러냅니다.

2. 지점토를 빚어 동글납작하게 누르고 볼펜으로 작은 구멍을 뚫어 줍니다.

3. 지점토 위에 물을 살짝 바르고 누름꽃을 올려 그늘에서 사흘 정도 말립니다.

4. 다 마르면 구멍에 낚싯줄이나 실을 매 기다란 나뭇가지에 매답니다.

- 누름꽃, 지점토, 연필, 풀 모아 모빌 만들어 우리 아기 침대 위에 달면 그 아기 마음속에 꽃이 활짝 핍니다. (양시영)

- 휴지 둘러싸서 꾹꾹 꽃을 누르고 살짝 펴 보면 누름꽃이 됩니다. (최다은)

- 누름꽃이 책 속에 있다 나와서 '나 몸이 굳었어'라고 합니다. (류영후)

- 찰흙 빚어 꾹꾹꾹 누름꽃을 올리면 재밌고 또 하고 싶어. (박나희)

- 누름꽃에 풀을 많이 발랐다. 누름꽃 하다가 내 손이 굳었다. (탁원)

- 누름꽃으로 모빌을 만들었다. 꽃이랑 말을 해 보았다. "안녕." "넌 누구니?" "맞춰 봐." 꽃은 궁금해 죽겠다고 한다. (이윤지)

- 누름꽃 넌 시들은 꽃 같아. (김연우)

- 누름꽃이 점토 침대에 누웠다. 침대가 딱딱해서 아프겠다. (장서진)

- 누름꽃이 책 속에서 속닥속닥 "아이 답답해."

누름꽃이 찰흙 속에서 속닥속닥 "아이 끈적해." 투덜이 누름꽃.
(조현재)

- 화려했던 꽃이 눌려서 말라비틀어진 것을 보니 내 마음도 말라비
  틀어진다. (이원석)
- 꽃 모빌에 꽃을 올리면 꽃 모빌이 공주 같다.
  꽃 모빌에게 말을 걸면 너도 예쁘다고 한다. (박채민)
- 꽃을 따서 눌러 눌러 점토 빚어 붙여 붙여 구멍 뚫어 장식하자.
  (임지민)
- 아주 아주 예쁜 꽃 뚝! 따서 책으로 눌렀더니 종이처럼 납작해졌
  다. 불쌍한 꽃 점토에 붙여 누름꽃 만들었네. (이태현)

선물 둘, 할머니 할아버지께 편지 보내기

1학기 국어 시간에 '높임말'을 배워요. 개똥이들은 높임말에 대해 이
야기를 주고받았어요. 높임말은 어른들에게 하는 말이지만 높임말을
하지 않을 때도 있다고 해요. 개똥이들은 할머니 할아버지, 부모님한테
높임말을 쓰지 않을 때도 많다고 합니다. 식구들 가운데 형제자매나 친
척 형, 오빠들에게는 당연히 반말을 한답니다. 나보다 나이가 많으면
높임말을 해야 하는데 식구 사이에 높임말을 하면 더 어색해져서 높임
말을 하지 않게 된답니다.

형제자매 사이는 높임말이 어렵겠지만 어른들한테 하는 말은 바꾸
어 보고 싶어 이런 궁리 저런 궁리를 했어요. 보통 때 부모님한테 높임
말을 쓰는 것이 어려운 개똥이들에게 높임말을 2주 동안 해 보는 숙제
도 하자고 했어요. 처음엔 어색하지만 해 보고 나서 느낀 점을 이야기

나누면 변화가 있을 거라고 생각했죠. 입으로 하는 높임말을 글로 바꾸는 공부를 해 보다가 할아버지 할머니께 편지를 쓰기로 했답니다.

"며칠 뒤 5월 8일은 무슨 날인가요?"

"어버이날이요."

"어버이날을 맞아 할아버지 할머니께 편지를 써 볼까요?"

"선생님, 문자로 보내면 되는데 왜 편지를 써요?"

"문자로 보내면 편하긴 하지. 평소엔 전화도 자주 하고 문자도 자주하니까 이번에 배운 높임말로 편지를 써서 우표도 붙여 보내 보자."

"선생님, 우표가 뭐예요?"

손편지를 써서 우표를 붙여 본 적이 없는 개똥이들에게 우표는 새로운 말이었어요. 휴대전화로 편한 세상에서 사람의 정이 오가던 옛 문물을 개똥이들과 다시 공부합니다. 높임말 배운 것을 바탕으로 할아버지 할머니께 편지를 씁니다. 쓴 편지를 봉투에 넣고 우표를 붙여 보냈지요. 보통 할아버지 할머니께 전화나 문자로 안부 인사를 드리는데, 이번에는 손자 손녀가 쓴 편지로 사랑을 전합니다. 할아버지 할머니가 좋아하실 거라는 생각에, 답장을 받을 거라는 기대에, 삐뚤삐뚤한 글씨도 다시 살펴보고 고쳐 쓰며 애를 써 편지를 씁니다.

할머니께

안녕하세요. 할머니 저 태현이에요.

할머니 오늘 체육대회 연습 했어요. 그리고 체육대회에서 저는 계주 안 됐어요. 그런데 할머니 우리 선생님은 아주 활기차고 많이 노는 활동을 많이 해서 좋아요. 할머니 잘 지내세요? 아 맞다 할머니! 엄마 일

자리 구했어요. 그리고 할머니, 아버지께서는 집에서 일하세요. 또 할머니, 엄마 일이 산후조리원 하신대요. 그런데 거기가 공사 중인지 아직 안 됐어요. 그리고 저 3학년에 들어가서 잘하고 있어요. 할머니! 그런데 엄마가 다리가 아파서 잘 못할 것 같은데 그건 두고 봐야죠. 사랑해요.

4월 26일 태현 올림

선물 셋, 부모님을 위한 시와 상장

어버이날이니 부모님께도 글로 마음을 전하려 합니다. 개똥이들은 시와 상장을 준비했어요. 우리가 쓴 시를 보고 엄마 아빠가 어떤 웃음을 지을까 생각하며 정성껏 썼습니다. 멋있게 쓰려고 애쓰지 않고 엄마 아빠와 있었던 일을 떠올리며 솔직하게 썼습니다. 부모님이 가장 잘하는 것을 생각하며 상장도 만들었어요.

엄마

진세헌

매일 지쳐서 돌아오는 우리 엄마
도대체 뭘 하고 오는 건지
매일 지쳐서 돌아오는 우리 엄마
컴퓨터 하다가 머리 아프고
서울까지 갔다가 일하고 돌아올 땐
차가 막혀 머리 아프고
하지만 나한테는 잘해 주는 우리 엄마

이렇게 종합선물꾸러미를 준비했어요. 그런데 선물은 어떻게 전달하는지도 중요하잖아요. 우리는 어떻게 할지 이야기 나눴어요. 부모님께 차를 한잔 타 드리기로 했어요. 그래서 아이들 손에 차 한 봉지씩 들려 보냈어요.

아이들은 먼저 따뜻한 차를 준비하고 부모님을 모셔 와요. 부모님께 시를 읽어 드리고 상장을 드려요. 그러면 부모님이 아이들을 꼭 안아 줘요.

소중한 선물을 준비한 아이들을 꼭 안아 주라고 부모님께는 따로 부탁을 드렸어요.

돈으로도 살 수 없고 평생 잊을 수 없는 '어버이날 종합선물꾸러미'가 개똥이들과 부모님들에게 행복한 선물이 되었으면 하는 마음입니다.

한 뼘
텃밭 농사

텃밭 일구기

3월 말부터 학교에 오고 갈 때 코를 찌르는 냄새가 나요. 개똥이들은 코를 막고 다닙니다. 거름 냄새죠. 우리 학교 텃밭과 둘레 주말농장에서 거름을 잔뜩 뿌렸거든요. 텃밭 농사를 준비하려고 햇살 좋은 4월 초에 개똥이들하고 텃밭에 나갔어요.

"선생님, 똥 냄새가 너무 심해요. 도대체 왜 이렇게 지독한 거예요?"

"발효된 거름 냄새 때문이야. 거름은 똥으로 만드는데……."

말이 끝나기가 무섭게 똥으로 거름을 만든다고 하니 모두들 눈을 크게 뜨고 초록샘을 봅니다.

"똥으로요? 우리가 누는 똥이요?"

"그래, 자세히 말하면 거름은 풀, 짚, 동물의 똥을 발효시키거나 썩혀서 만든 천연비료란다. 우리가 밥을 먹는 것처럼 식물도 영양분이 있어야 잘 자라겠지?"

"선생님, 정말 우리가 누는 똥으로도 거름을 만들 수 있는 거예요?"

"그럼, 만들 수 있지. 사람 똥이 가장 영양분이 많을걸. 그런데 지금처럼 우리가 쓰는 수세식 화장실에선 거름을 만들 수 없어. 모두 정화조에 모여 버려진단다."

"모두 쓰레기가 된다고요? 그럼 어떻게 해야 해요?"

개똥이들은 크게 걱정합니다. 환경을 생각하면 해야 할 일들이 많은데, 텃밭 농사를 시작하면 앞으로 우리 땅과 물, 공기를 생각하겠지요. 초록샘이 답을 줄 수는 없지만 앞으로 어떻게 살아야 하는지 개똥이들과 함께 이야기 나눕니다.

"얘들아, 지금 모든 걸 다 할 수 없어. 천천히 조금씩 하나씩 바꾸면 좋아질 거야."

그러고는 텃밭에 있는 거름을 흙과 골고루 섞었어요. 또 밭에 있는 커다란 돌멩이들도 골라냈어요. 우리가 키울 작물이 잘 자라길 바라는 마음을 담아 땀 흘려 일했어요.

텃밭에 심을 농작물 정하고 살펴보기

텃밭을 정리하고 교실로 들어왔어요. 개똥이들은 여름방학 전까지 가꿀 작물들을 학급회의에서 정했어요. 먼저 아는 농작물을 모두 말했어요. 그 가운데서 감자, 상추, 옥수수, 완두콩, 강낭콩, 대추토마토, 오이고추, 가지를 키우기로 했어요. 1학년 때부터 텃밭 농사를 지어 온 개똥이들이라 무엇을 심을지 잘 알고 있었어요.

텃밭에 심을 작물은 씨앗으로 심을지, 좀 더 쉬운 모종으로 심을지 고민하다가 모종으로 심기로 했어요. 함께 키우고 싶은 농작물로 나누어 모둠을 정했어요. 그리고 모둠별로 모종을 사러 나갔어요. 학교에서 떨어진 곳에 모종 파는 곳이 있는데, 초록샘은 모둠마다 키우고 싶은 모종을 고르고 직접 사라고 했어요.

모둠마다 사 온 모종을 자세하게 살펴보고 그림도 그려 보니 텃밭 농사에 사랑이 많이 담깁니다.

텃밭에 심고 가꾸기

다음 날이 곡우였어요. 곡우날 모종과 씨감자를 심으려고 했어요. 곡우에 내리는 비는 식물이 자라는 데 아주 중요하니까요. 그런데 우리가 게으름을 피워 4월 말에야 씨감자와 모종을 심으러 텃밭에 나갔어요.

개똥이들은 씨감자를 심기 전에 백창우 선생님이 만든 노래 '씨감자'를 신나게 불렀어요. 노래를 부르고 나서 초록샘이 씨감자 자른 면을 보여 주었어요.

"씨감자는 노랫말처럼 자른 면에 재를 묻혀요."

"선생님, 왜 재를 묻히는 거예요?"

"재로 소독을 하는 거야. 재를 묻혀야 씨감자가 병균에 강해져서 썩지 않고 잘 커요."

"선생님, 자른 부분은 위로 할까요? 아래로 할까요?"

"자른 면을 위로 하고 싹이 난 쪽을 아래로 해서 심어야 해요. 다 같이 한번 말해 보고 심자."

"자른 면은?"

"위로."

"싹 난 쪽은?"

"아래로."

개똥이들은 참새마냥 초록샘을 따라합니다. 씨감자를 심고 나서는 모둠별로 모종을 심었어요. '다사랑채소왕국', '강낭콩마을', '쑥쑥튼튼 토마토밭'처럼 텃밭 이름표도 직접 만들었어요. 텃밭에서 자랄 작물들에게 하고 싶은 말을 넣어 예쁘게 그림도 그려 줍니다.

날마다 아침에 학교에 오면 텃밭에 들러 우리가 심은 모종이 잘 자라도록 정성을 쏟았어요. 개똥이들이 텃밭에서 떠나면 강낭콩이, 고추가, 토마토들이 이야기 잔치를 벌이겠지요. 개똥이들이 만들어 준 이름 따라 꿈을 키우겠지요.

풀 뽑고 감자 캐기

봄에 가뭄이 심했어요. 개똥이들은 아침마다 텃밭에 들러 물도 주고 정성껏 풀도 뽑아 주었어요. 그런데도 수박은 잘 자라지 않고, 참외는 열리지 않고, 오이는 진딧물만 가득해서 많이 속상했어요. 개똥이들은 주말에도 텃밭에 와서 물을 주었어요.

감자가 잘 자라도록 하얀 감자꽃이 피면 꽃대도 잘라 주었지요. 그대로 두면 감자꽃이 영양분을 가져간다고 해서 눈에 보일 때마다 '미안하다, 사랑한다' 말하고 꽃대를 잘라 주었어요.

하지 무렵 감자를 캐러 텃밭으로 나갔더니 밭이 잡초 천국이 되었어요. 잡초 뽑느라 온몸이 땀으로 다 젖어 버렸어요. 그러고 나서 감자를 캤어요.

· 감자 캐러 밭에 간다. 감자 곁에 잡초가 있다. 감자는 물고기, 잡초는 상어, 우리는 물고기 감자를 구한다. (박성준)

- 우리가 잡초를 뽑는 동안 햇볕은 머리 위에 쨍쨍 / 머리에서 땀이 뻘뻘뻘 아직도 잡초는 산더미 / 하지만 우리는 포기하지 않아요. (김연우)
- 우리 반 일개미들 잡초 뽑고 감자 캐고 땀방울이 목까지 줄줄- 제일 힘센 혜성일개미, 태현일개미. (이윤지)
- 잡초병사들이 바글바글 호미 괭이 들고 죄다 뽑아 버릴 테다. 폭폭폭폭 / 이제 우리 감자 축제 열자. 아이고 이 감자 잘도 익었네. 여기도 감자 저기도 감자 끝이 없구나. (양시영)
- 감자를 뽑자, 감자를 뽑자. 큰 감자 작은 감자, 초록 감자 하얀 감자, 잘 익은 감자. / 감자를 먹자, 감자를 먹자. 냠냠 우직우직, 우직우직 냠냠. (최율)
- 흙투성이, 땀투성이, 풀투성이 얼굴이 흙과 땀으로 엉망이 되었네. 뽑아도 뽑아도 끝이 없다. 잡초 숲 안에서 오이나무가 숨바꼭질 한다. (김은해)
- 땀은 닦아도 계속 나온다. 잡초도 캐도 캐도 계속 나온다. 감자도 캐도 캐도 계속 나온다. / 땀을 마셔 주는 옷이 있었으면 좋겠다. 잡초를 먹는 벌레도 있었으면 좋겠다. 감자를 캐 주는 호미도 있었으면 좋겠다. (장서진)
- 잡초는 끝없이 용사를 내보내고 우리는 끝없이 뽑고……. (탁원)
- 학교 텃밭에서 잡초와 감자를 뽑았다. 초록색 감자는 독이 있다. 감자가 많이 나왔다. 땀이 나서 안경에 물이 묻었다. (조현재2)
- 감자와 우리는 숨바꼭질한다. (최다은)
- 감자야 땅 밖으로 나오니까 상쾌하지? (윤가은)

· 잡초가 무성히 자랐다. 잡초들이 잔치를 하나 보다. (이원석)

　개똥이들이 농사지은 텃밭에 장맛비가 내리면 가지와 토마토, 고추
가 주렁주렁 열매를 더 맺습니다. 여름방학 전에 토마토와 가지, 오이
고추, 옥수수 들을 거둬서 또 맛나게 나눠 먹을 거예요. 많은 것을 나눠
주는 텃밭에게 개똥이들도 고마움을 느끼겠지요.

개똥이
어린이 농부학교

개똥이들과 학교 앞 텃밭에서 상추, 토마토, 오이, 수박을 키웁니다. 그런데 학교 텃밭은 누군가가 맡아서 가꾸지 않으면 풀이 금세 자라 엉망이 되어 버립니다. 그래서 텃밭을 가꿀 개똥이들을 뽑기로 했어요. 농사짓는 걸 좋아하는 개똥이라면 누구나 할 수 있는 어린이 농부학교 동아리를 만들었거든요.

어린이 농부학교 동아리에 들어가면 동아리 땅에서 농사를 지을 수 있어요. 또 그 땅에서 나오는 농작물로 맛난 요리도 할 수 있지요. 모두 열여섯 개똥이들이 하겠다고 나섰어요. 그런데 걱정거리가 생겼어요. 사실 초록샘은 농사를 잘 모르거든요. 책으로만 배운 거라서 개똥이들과 어떻게 해야 할지 걱정이 되었답니다. 곰곰이 방법을 생각하는데 현솔이와 보미가 교실 앞문을 열고 들어옵니다.

"보미야, 현솔아. 혹시 너네 주말농장 하니?"

"네, 저 상추도 키우고 오이도 키워요."

현솔이는 "선생님, 저는 어른 되면 농부가 될 거예요" 합니다.

"현솔이는 농사짓는 법을 잘 아니?"

"네, 엄마랑 아빠랑 농사짓는 일을 하니까 저도 농사짓는 게 좋아요."

"선생님이 개똥이들이랑 농부학교를 하고 싶은데 엄마, 아빠 도움을 받아도 될까? 현솔이는 아빠가 도와주는 거 어떻게 생각해?"

현솔이 부모님은 우리 마을에 있는 '전국귀농운동본부' 사무실에서 사무국장으로 일하셨어요. 개똥이들과 텃밭 농사를 짓는 데 큰 도움을 받을 수 있겠다는 생각으로 전화를 드렸어요. 고맙게도 현솔 아버지가 5월부터 11월까지 개똥이들을 도와주기로 했어요.

이렇게 어린이 농부학교가 시작되었답니다. 농부학교에서는 토종 씨앗으로 농사를 지을 거라고 했어요. 개똥이들은 토종 씨앗이라는 말도 처음 들었어요.

"오늘은 밭을 고르게 해서 토마토 모종도 심고 씨앗도 심을 거예요. 심기 전에 풀부터 뽑아 볼까?"

농부학교 선생님 말씀에 우리들은 한 줄로 가지런히 앉아 풀을 뽑았어요. 처음엔 풀이 보이지 않았는데 흙 사이사이마다 작은 풀들이 많았어요. 30분쯤 풀을 뽑고 손으로 손가락 길이만 한 구멍을 냈어요. 모종을 빼서 구멍에 심으려고 하자 현솔이가 갑자기 물통을 들고 옵니다.

"잠깐만요! 모종 심기 전에 구멍에 물을 넣고 심으면 더 좋아요."

현솔이 꿈이 농부라더니 배울 게 많습니다. 옆에 있던 개똥이들도 현솔이를 따라 구멍에 물을 넣고 토마토 모종을 넣습니다. 그리고 흙을 덮고 조심히 꾹꾹 눌러 줍니다.

"다음 주가 되면 씨앗에서 싹이 날 거예요. 그런데 이파리들이 잘 자라게 하려면 어떻게 해야 할까?"

농부학교 선생님이 묻자 개똥이들이 자신만만하게 말합니다.

"선생님, 우리 1학년 때부터 상추도 키우고 오이도 키웠어요. 그렇게 쉬운 건 바로 알아요. 물을 많이 주면 되잖아요."

"그래, 맞아. 그런데 물만 준다고 잘 자라지 않아요. 무엇이 필요할까? 바로 너희들 오줌이지."

"웩, 웩! 오줌이래. 오줌을 준다고?"

개똥이들은 오줌을 준다고 하니 소리를 지릅니다.

"선생님, 그럼 제가 여기에 오줌을 누면 된다고요?"

"농작물에 너희들 오줌을 그대로 주면 다 죽어 버려요."

농부학교 선생님 말씀에 개똥이들이 놀라며 눈이 커집니다.

"그럼 어떻게 주면 되는 거예요?"

"페트병에 오줌을 가득 받아서 일주일 정도 뚜껑을 닫아 두면 돼요. 누구 오줌을 받아 올까?"

이야기를 나누어 오줌 비료를 만들 개똥이를 정했습니다.

이렇게 풀을 뽑고 씨앗을 심고 빨리 싹이 나길 기다리며 일주일을 보낸 뒤 다시 텃밭에 모였어요. 텃밭으로 뛰어가서 싹이 난 걸 살펴보고는 웃음꽃이 번집니다.

"여기 좀 보세요. 옥수수 싹이 났어요. 귀여워요."

그런데 열무 싹은 벌써 애벌레들이 이파리를 갉아 먹어 구멍이 숭숭 났어요. 개똥이가 울상이 되어 달려옵니다.

"자자, 울지 말고. 지난주에 오줌 가져오라고 했는데 가져왔니?"

농부학교 선생님은 오줌을 분무기 통에 넣었어요.

"너희들, 이 오줌을 그대로 뿌리면 너무 진해서 농작물이 다 죽어요.

물을 같이 넣어야 하는데 오줌보다 열 배 더 넣고 흔들어서 뿌려요. 그럼 잘 자랄 거예요. 그리고 벌레가 많다는 건 약을 뿌리지 않아서 사람한테 해롭지 않다는 거니까 너무 실망하지 말아요."

우리는 통에 오줌과 물을 섞어 토마토에도 뿌리고 옥수수에도 뿌리고 열무에도 뿌렸어요.

바로 옆에 있는 밭에서는 봉숭아도 싹이 자랐어요. 개똥이들은 꽃밭을 만들고 싶다고 합니다. 개똥이들이 꽃밭을 만들고 싶다고 하면 초록샘은 어떻게 도와줄까 고민합니다.

학교 창고에 가서 기다란 나무판과 톱, 유성매직을 챙겼습니다. 톱질은 위험해서 농부학교 선생님이 해 주었습니다. 나무판이 흔들거려 잘 잘라지지 않자 나무판 한쪽은 두 명이 발로 꽉 밟고, 다른 한쪽은 두 손으로 꼭 잡았습니다. 농부학교 선생님이 톱질을 해 나무판을 잘라 냅니다.

우리들은 봉숭아꽃밭, 열무밭, 토마토밭 이름을 나무판에 쓰고 땅에 꽂았습니다.

두 시간 일을 하고 나니 배도 고프고 목도 마릅니다.

"선생님, 배고파요."

일하고 땀 흘리니 당연히 배가 고파집니다.

"이제 정리하고 교실에 가서 간식 먹고 집에 갈까?"

얼굴은 땀범벅입니다. 땅이 주는 고마움을 알고 자연에서 배움을 얻는 농부학교를 시작하길 잘한 것 같습니다.

선생님!
병아리 키워요

"꼬끼오 꼬기오 꼬꼬!"

학교 운동장 구석 옆 닭장에서 닭들이 울어 댑니다. 교문을 들어선 승헌이는 닭 우는 소리를 듣고 운동장을 가로질러 닭장으로 쏜살같이 뛰어갑니다. 개똥이들이 교실에서 부화시킨 닭들이 닭장에 살거든요.

승헌이는 날마다 학교에 오면 닭에게 인사하고 교실에 들어와서는 '글똥누기'(아침 한 줄 글쓰기 공책)에 닭장 앞에서 본 이야기를 씁니다. 이렇게 다사랑반 개똥이들은 학교에서 함께 닭을 기르며 식구처럼 지냅니다.

3학년 개똥이들은 과학 시간에 동물의 한살이 공부를 시작했어요.

"동물의 한살이 공부할 건데 교실에서 키울 수 있는 동물이 있을까?"

"책에 나비 키우는 거 나오니까 교실에서 나비 키우면 좋겠어요."

"좋아요, 나비는 키우려고 생각했어요."

"선생님, 우리 집에 거북이 키우는데요. 엄마한테 허락받고 데리고 올게요. 참, 바닷가재도요."

원석이가 집에서 키우는 동물을 동무들에게 보여 주고 싶어 했어요. 개똥이들은 자기가 집에서 키우는 강아지, 물고기며 학교 오는 길에 본 길고양이까지 데리고 와서 키우고 싶다고 합니다.

"그런데 이 동물들을 교실에서 다 키울 수 있을까? 우리가 밥도 줘야 하고 돌보려면 해야 할 일이 너무 많을 것 같은데……. 우리는 학교 에서 공부도 해야 하니까 우리가 잘 키울 수 있는 동물들을 생각해 보자. 그리고 한살이 과정을 잘 살필 수 있는 동물이면 좋겠어."

다시 생각해 보자고 하니까 개똥이들 얼굴에 실망이 가득했어요. 개 똥이들은 자기들이 말하면 학교에서 동물들을 당연히 키울 수 있을 거 라고 생각했거든요. 그때 조용히 듣던 율이가 말을 꺼냅니다.

"그러면 선생님, 병아리는 어때요? 병아리는 우리 집에서 키우기도 좋았어요."

율이가 병아리 이야기를 꺼내자마자 아이들은 좋다고 당장 키우자 고 합니다.

"그런데 병아리는 어디서 데리고 올 건데?"

"마트에 가면 팔지 않아요?"

"선생님이 마트에 자주 갔는데 병아리 파는 마트는 없던데요. 먹는 달걀만 많았지."

이 말을 듣고 답답했던지 율이는 목소리에 힘을 주며 말합니다.

"선생님, 우리 집에서 달걀을 부화시켰더니 병아리가 태어났다구요."

"오 그래, 그래. 그럼 어떻게 해야 하는 거야? 선생님은 잘 모르는데 어쩌지?"

모르는 척 시치미를 떼니 개똥이들은 입을 모아 목소리를 높입니다.

"율이가 병아리 기르기 선생님 하면 되잖아요."

"그럼 율이가 우리 반 병아리 기르기 선생님 하면 좋겠다. 율이야, 병아리 선생님 괜찮겠니?"

"네, 좋아요."

율이도 기분 좋게 말했어요.

개똥이들은 손뼉을 치며 좋아합니다.

이렇게 개똥이들과 교실에서 병아리를 키우기로 결정했어요. 닭이 알을 낳아서 부화하는 것을 보는 게 더 좋지만 학교 닭장에서 부화하는 것은 지켜보기 어려워요. 그래도 기계에서 부화하는 것을 보면서 배움이 있을 거라고 여겼어요.

다음 날, 달걀 부화기와 달걀을 준비해서 교실 앞쪽 칠판 아래에 조심히 두었습니다. 개똥이들과 교실 앞에 모여서 병아리가 태어날 그날을 위해 함께 약속을 했어요.

"이제 달걀 부화기에 달걀을 넣을 거야. 우리 개똥이들도 엄마 뱃속에서 열 달을 건강하게 지낸 거 알지? 부화기에서 태어날 병아리를 위해 우리가 엄마 아빠가 될 거예요. 할 수 있는 일이 무엇이 있을지 잘 생각해 보았으면 해요. 스무하루 뒤에 병아리가 건강하게 태어날 수 있도록 마음속으로 빌어 볼까요?"

눈을 감고 기도를 하는 개똥이도 있고 눈웃음을 지으며 달걀 앞에서 속닥속닥 속삭이는 개똥이도 있습니다. 스무하루가 지나는 동안 개똥이들은 병아리를 위해 엄마 아빠 노릇을 열심히 했어요. 도서관에서 그림책을 빌려 와 읽어 주기도 했고, 부화기 앞을 지날 때는 살금살금 조용히 걸었어요. 크게 소리 지르지도 않았답니다. 장호는 점심을 먹고 나면 부화기 앞에서 날마다 리코더 연주를 했지요.

개똥이들이 열심히 마음을 다한 날들이 지나고 병아리가 태어났어요. 엄마가 우리를 낳을 때 시간이 많이 걸린 것처럼 병아리도 알을 깨고 나오는 데 하루 정도 걸렸어요.

개똥이들이 모두 교실에 있을 때 병아리가 태어났으면 더 좋았겠지만 그게 마음대로 되는 게 아니잖아요. 서현이와 수현이가 집으로 돌아가려는 시간에 달걀 껍질이 부서지기 시작했는데 병아리는 나오지 못했어요. 서현이와 수현이는 두 시간을 부화기 앞에서 기다리다 집으로 돌아갔습니다.

다음 날 병아리가 태어난 것을 보려고 개똥이들이 일찍 학교에 왔어요. 밤새 알을 깨고 나와 온몸이 축축한 병아리들이 따뜻한 부화기 속에서 털이 보송보송 말라 있었답니다.

"선생님, 병아리 한 마리는 안 태어났어요. 어쩌죠? 학교 운동장 옆 닭장도 크게 만들어 놓았는데……. 병아리가 몇 마리 안 되면 너무 심심할 것 같아요. 우리 한 번 더 부화시켜요. 네? 부화시켜요."

그래서 병아리 부화를 다시 해야 할지 깊이 생각하는 시간을 가졌습니다. 개똥이들 생각도 들어 보았어요. 하지만 병아리를 더 부화시키지는 말고 지금 부화시킨 병아리만 잘 키우자고 했답니다.

이렇게 태어난 병아리들은 한 달 동안 교실에서 개똥이들과 같이 살았어요. 병아리가 먹을 물과 사료를 준비해서 주었고, 사과 종이상자에 모래도 깔아 주었어요. 또 병아리 똥도 치워 주었어요.

병아리를 끔찍이 챙기던 태현이와 준이는 동무들이 집에 가고 난 오후에 교실에 다시 옵니다. 태현이와 준이가 병아리들을 종이상자에서 꺼내 교실 바닥에 놓았습니다.

병아리는 신나게 교실을 내달립니다. 책상 위에 올려놓으니 책상 밑으로 뛰어내리고 엉덩이를 씰룩거리며 온 교실을 달립니다. 태현이와 준이는 동물이나 곤충에 관심이 많아서 병아리를 옆에서 잘 돌봐 주었죠.

"선생님, 병아리들이 답답한가 봐요. 넓은 집으로 이사시켜요."

"그래, 이제 넓은 데로 이사 갈 때도 되었지. 이사 가도 잘 견딜 수 있을까?"

"지금 닭장에 지난해 키우던 닭이 낳은 병아리가 있으니까 더 잘 살거예요. 동무들이 더 많이 생기잖아요."

닭장에는 지난해 부화시켜 키우던 닭 네 마리와 자연 부화된 병아리 네 마리가 살고 있었어요. 병아리들이 갑자기 너무 넓은 곳에 가면 낯설까 봐 큰 종이상자에 넣어 데려갔어요. 병아리들을 닭장에 넣었더니 상자 밖으로 나오지도 못합니다.

"준아! 우리 내일 다시 와 보자. 잘 지낼 거야. 걱정 말고 집에 가자."

닭장으로 이사한 병아리들이 며칠은 상자 밖으로 나오지 못했지만 시간이 지나면서 닭장에 적응을 했어요.

며칠이 지나고 준이가 갑자기 교무실 문을 급하게 열어젖히고 들어왔어요. 다급해서 숨도 제대로 못 쉬는 거예요.

"병아리하고 닭들이 다 탈출했어요! 빨리 닭장으로 와 보세요!"

닭들과 병아리들이 닭장 밖으로 탈출해서 학교 울타리를 넘어간 겁니다. 다행히 교장 선생님과 학교 숙직 기사님이 다시 닭장으로 잘 몰아넣어 준 덕분에 집으로 돌아오게 되었답니다.

우리 학교엔 뽕나무가 있다. 우진이가 나한테 오디를 따 먹자고 했다. 나는 우진이와 오디를 따 먹으러 갔다. 그런데 그때 닭장을 보니까 닭들이 전부 탈출했다. 그래서 나는 선생님께 닭이 탈출했다고 알리러 가고 우진이는 닭을 몰았다. 내가 교장 선생님에게 알리러 간 사이 우진이는 닭이 밭으로 탈출하는 것을 보고 있었다. 큰 닭은 밭으로 도망갔다. 뒤늦게 온 선생님들과 우진이와 나는 닭장으로 닭을 몰아넣었다. 도대체 누가 닭장 문을 열어 놓았을까? 닭들이 다시 닭장으로 돌아와서 다행이다. (김준)

날마다 개똥이들은 닭장 앞에서 병아리들과 닭에게 풀을 주고 인사를 하고 옵니다. 닭과 병아리들도 개똥이들과 아침 인사 하느라 바쁩니다. 개똥이들이 교실에서 공부하면 닭도 병아리도 같이 공부하겠지요. 공부하는 닭은 아마 우리 학교 닭밖에 없을 거예요.

세상을 향해
날아간 나비

　과학 시간에 동물의 한살이 공부를 하면서 나비를 직접 관찰하기로
했어요. 닭장에는 교실에서 부화한 병아리가 잘 자라고, 교실에는 거북
이 두 마리, 장수풍뎅이 애벌레 여섯 마리, 누에 애벌레 세 마리, 올챙
이 스무 마리가 있어요. 그런데 여기에 초록샘은 배추흰나비를 키우려
고 커다란 망과 케일 화분을 들고 와서는 교실 뒤편 사물함 위에 올려
두었답니다.

배추흰나비 알

　초록잎 뒤에 배추흰나비 알이 붙은 케일 화분을 커다란 망 안에 들여
놓았어요. 배추흰나비 알은 눈으로 보면 보이지도 않을 만큼 크기도 참
작아요.

　"망에 달린 문을 자주 열면 안 돼요."

　노랗고 투명한 알은 좁쌀보다 작아서 눈에 잘 보이지도 않았어요.

　"선생님, 잘 안 보여요."

"과학실에 가서 돋보기를 빌리면 되지 않을까?"

개똥이들은 돋보기로 알을 살피며 알이 깨어나길 기다렸어요.

눈에 보이지 않는 애벌레

알에서 애벌레가 나왔어요. 애벌레도 너무 작아서 깨어나는 모습은 볼 수가 없었어요. 그런데 어떻게 알았냐고요? 어느 날 갑자기 케일잎에 구멍이 송송 나기 시작했거든요. 돋보기로 봐도 보이는 것이 없는데 말이죠. 케일 화분을 망 밖으로 꺼내서 보기도 했어요. 그런데도 애벌레는 보이지 않았어요. 개똥이들이 줄을 서서 눈을 비벼 가며 보아도 안 보여요. 숨바꼭질하는 애벌레랍니다.

먹보 애벌레

애벌레가 보이기 시작했어요. 놀라기도 했지만 얼마나 좋았는지 몰라요. 애벌레는 먹보예요. 손가락 한 마디만 한 케일잎을 한 장 다 갉아 먹었거든요. 애벌레 수를 헤아려 봤어요. 모두 일곱 마리예요. 일곱 마리는 쉬지 않고 이파리를 갉아 먹어요. 먹는 만큼 똥을 싸요. 바닥에는 초록 빛깔 똥 가루가 제법 보여요. 수북하게 쌓일 정도예요. 하루 이틀 커 가던 애벌레가 허물을 벗어요. 허물은 그 자리에 그대로 두고 살펴보기로 했어요. 애벌레가 케일을 많이 먹으니 통통하게 살도 쪘어요. 지렁이처럼 몸에 볼록볼록 마디도 있어요.

번데기

애벌레는 여기저기 잘 돌아다녀요. 그런데 어느 날부터 잘 움직이지 않아요. 한 마리는 이파리 위에 있고 두 마리는 망 위로 높이 올라가요. 다른 한 마리는 줄기 위에 붙어 가만히 있어요. 붙어서는 입을 실룩실룩 계속 움직이면서 실 같은 것을 뽑아내요. 뽑아낸 실로 고리를 만들어서 허리띠를 단단히 매요. 번데기 머리 부분은 뾰족한 뿔 같아요.

그때부터 번데기는 움직이지 않았어요. 죽은 줄 알았어요. 깨지도 않고 계속 잠만 자요. 아직 번데기가 되지 않은 애벌레들은 시든 케일을 갉아 먹어요. 이제 화분에 있던 케일잎은 하나도 남지 않았어요. 움직이지 않던 번데기는 초록색이었는데 점점 색깔이 투명해졌어요. 투명해지던 번데기 안에 검은색 점이 보이기 시작해요.

나비

배추흰나비 번데기가 언제 나비가 될까 궁금해하며 일주일을 기다렸어요. 주말을 보내고 교실에 들어왔더니 나비 한 마리가 망 안에서 날아다녀요. 개똥이들은 망 둘레에 모여서 구경했어요. 나비가 배가 고프진 않은지 걱정이 많았던 율이는 나비에게 밥을 주려 개망초, 장미를 가져와 망 안에 넣었어요. 나비는 먹지 않았어요. 맛이 없어 그런가, 꿀물을 타서 망 안에 넣어 줘도 입도 대지 않아요. 걱정이에요. 내일은 더 맛있는 꽃을 따다 주려 해요.

나비 죽다

나비에게 주려고 나팔꽃도 따 왔어요. 나팔꽃을 망에 넣으려는데 나비가 옆으로 누워 움직이질 않아요. 아무것도 먹지 않던 나비가 죽고 말았어요. 알에서 애벌레, 번데기를 거쳐 이제 겨우 나비가 되었는데 너무 빨리 죽었어요. 나비가 잘 살 수 있도록 빨리 바깥세상으로 날려 주어야 했는데, 개똥이들은 무척 후회했어요.

미안한 마음에 나비 장례식을 열기로 했어요. 나비가 누울 수 있도록 폭신한 화장지를 깔아 꽃 이불을 만들어요. 꽃 이불 위에 나비를 누이고 텃밭으로 갔어요. 바깥에 나가 보지 못한 나비가 텃밭을 좋아하길 바라며 나비 무덤을 만들었어요.

'배추흰나비 여기에 잠들다.'

편지도 써서 무덤 옆에 뒀어요. 우리 잘못을 용서해 달라고 말했어요. 앞으로 깨어날 나비 친구들은 모두 세상에 날려 주겠다고 약속도 했어요.

- 나비가 죽었다. 까닭은 모르겠다. 자연 속에서 날아 보지도 못했는데 우리 때문에 죽은 것 같다. (김연우)
- 아침에 아이들이 나비에게 주려고 꽃을 따 왔는데 나비가 죽었다. 너무나도 슬픈 날이다. (탁원)
- 나비가 죽었다. 빨리 날려 줬으면 살 수도 있었을 텐데 아쉽고 미안했다. (이원석)
- 나비가 죽었다. 날개돋이 할 때까지 힘들게 거쳐 왔는데 미안해. (이윤지)
- 이틀 동안 우리를 위해 갇혀 있던 나비. 미안한 마음에 꽃과 나비에 대한 책, 사진을 준비하고 우릴 위해 희생한 나비를 위해 장례식을 열어 준다. (양시영)
- 나비가 죽었다. 가족도 아닌데 가슴이 쿵쿵 마음이 아프다. 텃밭

에 가서 고이 묻어 줬는데 나비가 고마워 고마워 한다. (최율)

- 나비가 죽었다. 마음대로 날아 보지도 못하고 힘들고 무서웠겠
다. (장서진)

- 학교에 와 보니 아이들이 "나비가 죽었어"라고 말했다. 오늘 날려
주려고 했는데…… (박나희)

- 나비가 죽었다. 알에서 애벌레로 애벌레에서 번데기로 번데기에
서 나비로 나비에서 하늘나라로. 불쌍하다. (김은해)

- 알, 애벌레, 번데기, 나비. 잘 버텨 왔는데, 진작 살려줄걸. 옥수수
옆에 무덤을 만들어 주었다. (이윤지)

깨어난 나비 친구들

다음 날 깨어난 다른 나비를 기다리며 학교에 왔어요. 아직 망 속 번
데기는 잠을 자고 있어요. 쉬는 시간에 은해가 불러요.

"선생님, 이리 와 보세요. 나비가 나오려고 해요. 날개돋이 하려고 하
나 봐요."

은해 큰 소리에 개똥이들은 망 둘레로 다 모였어요.

"와! 등이 갈라진다. 날개가 잘 안 펴지는데……"

나비 한 마리가 날개돋이를 하고 있어요. 그러더니 다른 번데기도 나
비로 태어났어요. 개똥이들은 이번 나비는 절대 망 속에서 죽게 하지
않을 거예요.

다음 날 우리는 나비를 데리고 다 함께 학교 꽃밭으로 나갔어요.

"나비야, 안녕."

"나비야, 잘 날아가."

"나비야, 꽃밭에 있는 꿀 많이 먹고 잘 살아."

헤어지는 인사를 하고 나비를 날려 보냈어요. 우리 반 모두 목이 터져라 '나는 나비' 노래를 불렀어요. 하늘로 날아가는 나비를 보며 우리는 손을 흔들었어요.

개똥이
탐험대

목련 꽃봉오리가 뾰족하게 올라옵니다. 파란 하늘에 촛불을 켜듯 봄기운을 꽃봉오리에 가득 담고 천천히 올라옵니다. 이제 제법 따뜻한 봄바람이 불어 개똥이들도 바깥 놀이에 신이 날 때입니다. 준이처럼 탐험을 좋아하는 개똥이들이 있는데요, 학교 앞 개울에서 있었던 일이에요.

운동장 놀이터엔 모래놀이를 하는 아이들이 많습니다. 그리고 운동장 한쪽 구석에는 다사랑반 개똥이들이 둘러앉아 이야기 잔치를 열고 있습니다.

"너희들 집에 안 가니? 해 바로 저물어. 집에 가자. 응?"

"선생님, 안녕히 가세요."

엉덩이를 운동장 땅바닥에 붙이고 인사는 하는 둥 마는 둥 무슨 꿍꿍이 작전을 펼치고 있는지 모르겠어요.

그러고 가는데 갑자기 준이가 뒤에서 쫓아옵니다.

"선생님, 있잖아요. 아이들이랑 드론을 날리고 싶은데요."

"드론? 어디서 날리려고?"

"학교에서요."

"집에 드론은 있니?"

"네."

"어떻게 할지 한번 계획해 봐. 선생님이 준이 계획 보고 결정할게."

준이는 요즘 한창 드론에 빠졌습니다. 그래서 동무들과 학교에서 드론을 날려 보고 싶어 하는데 일단 준이가 어떤 생각을 하는지 알고 싶었어요.

다음 날 준이는 종합장을 뜯은 쪽지 같은 종이에 계획을 써 왔는데, 쪽지를 보자마자 큰소리로 웃었습니다. 그 쪽지 계획서에는 이렇게 적혀 있었습니다.

세헌이에게.

세헌아, 반월천으로 와.

날짜: 3월 31일(목)

시간: 오후 3시

장소: 반월천

준비물: 자전거, 연, 드론, 헬기(있는 것만)

"준아, 세헌이만 같이 갈 거야?"

"아뇨, 더 알아보고 있어요."

준이는 이런 쪽지를 스무 장은 만들었나 봐요. 종합장을 잘라 하나하나 손으로 써서 개똥이들한테 나눠 줬어요. 꼼지락거리며 쪽지 편지 만드느라 애쓴 생각을 하니 허락할 수밖에 없었어요.

"준아, 근데 너희들끼리 가는 건 위험할 텐데. 너희를 데리고 갈 수 있는 부모님도 계셔야 할 거 같아."

"네, 선생님. 그럼 부모님 모시고 가면 되는 거죠?"

준이는 허락이 떨어지자마자 아이들에게 돌아갑니다.

제발 보호자

3월 28일 날씨: 퀴퀴함(어둑하고 뭐가 올 것 같은 날)

3월 31일 목요일에 반월호수에서 드론 축제를 한다. 하지만 조건이 있다. 무엇이냐 하면 보호자가 있어야 한다. 안 그러면 축제는 취소가 되어 버린다. 하지만 벌써 많은 사람이 가기로 했다. 시훈이, 나, 형준, 형윤, 요셉, 세헌, 윤채, 하민, 수현, 우진 열 명이나 된다. 그래서 나는 보호자가 제발 한 명이라도 있었으면 좋겠다.

이렇게 준이는 보호자를 모시고 열 명이나 되는 자전거 부대를 이끌고 반월천으로 가서 드론 축제를 열었어요. 그리고 두 번째 드론 축제까지 열었답니다.

한참 드론 축제 이야기로 뜨겁던 준이는 죽암천 탐험 사건으로 초록 샘을 놀라게 했습니다.

아침 일찍 준이가 교실 문을 열고 들어옵니다.

"준아? 너 어제 집에 일찍 갔니? 운동장에서 우진이랑 원석이랑 늦게 까지 있던데……."

준이는 할 말이 많은지 책가방을 내려놓지도 않고 교실 앞으로 뛰어 나옵니다.

"선생님, 어제요, 학교 앞 죽암천 탐험했어요."

"누구랑? 어제 모여 있었던 게 죽암천 탐험하려고 했던 거야?"

죽암천은 학교 앞에 있는 개울인데 풀도 많고 돌과 진흙도 많은 강이에요. 물 깊이는 아주 얕지만 사람들이 들어가는 강은 아니었어요. 죽암천에서 물말끔터까지 이어지는 큰길이 있는데, 이 길로 걸어가면 20분쯤 걸립니다.

그런데 아무도 걷지 않는 이 길을 걸어갔다니 정말 큰일이 안 난 게 다행입니다. 참 당돌한 열 살 개똥이들입니다. 사실 준이랑 같이 간 아이들을 불러서 야단을 치고 싶었습니다. 어른들 허락 없이 이렇게 위험한 행동을 했으니 말이죠.

"준아, 누구랑 간 거니?"

"저……. 우리 반 세헌이, 원석이랑 옆 반 요셉이, 우진이요."

준이 목소리는 기어들어 갑니다.

"선생님 저는요, 처음에 진흙에 신발 젖을까 봐 싫다고 했어요. 근데 우진이랑 원석이가 하도 가자고 가자고 우겨서 억지로 간 거라구요."

"가면서 힘들진 않았어?"

"힘들었어요. 옷도 젖고 신발도 젖었어요."

"그럼 포기하고 다시 돌아오지 그랬어?"

"저도 다시 돌아오고 싶었어요. 하지만 다른 애들이 다 간다고 하니까 저 혼자 돌아오기가 무서웠어요. 그런데 가다 보니까 물에 물고기도 있고 백로도 있고 오리들도 있어서 좋았어요."

"너희들 엄마한테 허락은 받은 거야? 내가 엄마라면 절대 못 가게 했을 텐데 말야."

갑자기 신이 나서 말하던 준이 말소리가 작아집니다.

"엄마한테 말하면 안 보내 줄 거 같다고 애들이 그냥 가자고 했어요."

"어머나, 너희들 배짱도 크다. 가다 보면 호수랑 이어질 텐데……."

"아 선생님, 거기가 말이죠."

준이 목소리에 힘이 납니다.

"계속 가다 보니 큰 하수구가 나와 막힌 것 같았어요. 그래서 난간을 넘어가니까 호수 자전거 길이 나왔어요. 그래서 돌아왔어요."

준이는 당당하게 말을 마무리합니다.

"준아, 너희들 큰일 안 나서 다행이다. 다음엔 이렇게 하고 싶은 일이 있으면 선생님이나 부모님한테 꼭 허락을 받아야 해. 어른도 꼭 같이 가야 해. 알겠지? 약속!"

개똥이들이 왜 갑자기 탐험을 하려고 했는지 생각해 보았습니다. 곰곰이 따져 보니 교실에서 같이 읽는 책 때문이었습니다. 마크 트웨인이 쓴 《톰 소여의 모험》을 한 달 동안 같이 읽었는데 톰과 허크처럼 탐험대가 되고 싶었나 봅니다.

따스한 봄날 죽암천과 반월천에 펼쳐진 열 살 용기는 지금 생각해도 웃음을 짓게 합니다.

두근두근 우리 마을
중심지 탐험

공부 시간이 끝나고 쉬는 시간입니다. 개똥이들은 공부 마치는 종소리가 울리자마자 운동장으로 뛰어나갑니다. 딱딱한 의자에 앉아서 공부하는 것보다 노는 게 더 좋거든요. 그런데 오늘은 쉬는 시간인데도 운동장에 나가지 않고 교실 여기저기에 옹기종기 모여 앉아 있어요. 쉬는 시간이 된 지 벌써 20분이 지났는데도 동무들과 같이 이야기를 나누고 있어요.

3학년 다사랑반 개똥이들은 사회 시간에 '사람들이 많이 모이는 곳'(우리 마을 중심지)을 공부합니다. 사람들이 많이 모이는 곳을 직접 찾아가서 조사도 해야 합니다. 또 그곳에 모인 사람들을 만나 질문도 하는 공부지요. 이 때문에 개똥이들이 모여서 시간 가는 줄 모르고 이야기를 나눕니다. 해야 할 일이 많거든요.

"이번 공부에서 개똥이들이 가장 먼저 해야 할 일은 무엇일까요?"

말이 끝나기 무섭게 재영이가 대답합니다.

"선생님, 사람들이 많이 모이는 곳이라고 했잖아요. 그러니까 사람들이 많이 모이는 곳을 찾아야죠."

"아 그렇구나! 우리 마을에서 사람들이 많이 모이는 곳은 어디일까?"

"우리 학교요. 우리 학교에 사람이 많이 모이잖아요. 한 오백 명 정도 될걸요."

재영이는 초록샘이 하는 말에 바로바로 자기 말을 하는 동무입니다.

"그렇지, 우리 학교도 동생들과 선배들, 함께하는 동무들, 선생님, 또 학교를 위해 애쓰는 분들이 많이 모여 있지. 잘 찾았어요."

옆에서 듣던 영우가 다른 생각을 덧붙입니다.

"에이, 우리 학교는 학생들과 선생님들만 모이잖아. 사람들이 더 많이 모이고 자주자주 바뀌면서 붐비는 곳이 적당할 것 같아요."

"그럼 우리 학교는 빼고 사람들이 많이 붐비는 곳은 어떤 곳이 있을까요?"

개똥이들은 우리 동네에서 사람들이 많이 모이고 붐비는 곳을 찾아냅니다. 그런데 사람들이 많이 모이는 곳과 붐비는 곳이 헷갈리나 봅니다.

"그럼 선생님, 우리가 사는 아파트와 우리 집은 안 되겠네요."

"그래요, 아파트와 집은 사람들이 모이긴 하지만 자주자주 바뀌면서 붐비지는 않네요."

다행히 영우가 적당한 말을 해 주어 사람들이 많이 모이는 곳을 함께 이야기 나누며 찾아냅니다. 그러고는 사람들이 왜 모이는지 까닭도 이야기해 봅니다. 또 사람들이 많이 모이는 곳에서 일하는 사람들을 만나 물어볼 말도 직접 정합니다. 개똥이들 얼굴이 발갛게 달아올라 시간 가는 줄 모르고 계획을 세웁니다.

그런데 문제가 생겼어요. 개똥이들이 가고 싶은 곳이 지금 사는 동네에서 멀리 떨어진 곳이기 때문이에요. 동무들과 동네 놀이터에서만 놀았지 개똥이들끼리 먼 곳으로 떠나 본 적이 없거든요.

"선생님, 우리는 사람들이 많이 모이는 산본역에 가려고 하는데요, 저희들끼리 가도 되는 거예요?"

"산본역까지 가려구? 좀 멀지 않나? 너희들끼리 갈 수 있을까?"

산본역은 우리가 사는 곳에서 지하철이나 마을버스를 타고 20분 정도 나가야 하는 우리 마을 중심지입니다. 개똥이들이 부모님과 같이 다니던 곳이지요. 그런 곳을 개똥이들끼리 가 보고 싶은가 봐요. 개똥이들에게 그림자 도우미의 도움을 받을 수 있다고 했어요.

가고 싶은 곳에 따라 여섯 모둠으로 나눴어요. 여섯 모둠 개똥이들이 정한 곳은 모두 산본역 가까이에 있는 곳이에요. 산본역, 산본역에서 가까운 큰 상점, 서점, 영화관, 경찰서로 정했더라고요.

"선생님이 여섯 모둠이 정한 곳을 모두 따라다니는 것은 어려울 것 같아요. 그래서 그림자 도우미로 도와줄 부모님과 함께하면 좋겠어요. 선생님이 두 모둠을 책임지고 나머지 네 모둠을 도와줄 도우미는 여러분 부모님께 부탁드려 볼게요. 그림자 도우미는 개똥이들 안전을 살펴 주는 분들이랍니다. 그림자 도우미들은 그림자처럼 따라다니기만 할 거니까 모든 일은 모둠 동무들과 이야기 나눠서 결정하도록 해요."

개똥이들은 설레는 마음으로 우리 동네 중심지 탐험 계획을 더 꼼꼼하게 다듬었어요.

드디어 중심지 탐험을 하는 날입니다. 개똥이들이 시끌시끌합니다. 직접 만든 질문 수첩을 들고 학교 운동장을 떠나 마을버스 정류장과 지하철역으로 걸어갑니다. 마을버스를 타고 가는 모둠이 세 모둠, 지하철을 타고 가는 모둠도 세 모둠입니다. 다시 학교로 돌아올 때는 다른 교통수단으로 오기로 했어요. 개똥이들은 큰일을 치르듯이 서로 인사하며 잘 다녀오라고 손을 흔듭니다.

초록샘이 그림자 도우미를 하는 모둠 개똥이들은 지하철을 먼저 타고 가기로 했어요. 지하철 카드를 사는 일부터 해야 합니다. 부모님들과 다닐 때 기억을 더듬어 한 명씩 카드를 사서 지하철을 탑니다. 다른 두 모둠도 옆 칸에 탔습니다. 오전 시간이라 지하철에는 사람이 많지 않습니다. 함께 탄 옆 모둠 동무들은 역에서 질문을 하기로 했나 봐요. 지하철 안에서 서로 물어볼 것을 미리 연습해요. 먼저 역에 있는 사무실로 간다고 했습니다. 사람들이 많이 모이는 역에서 일하는 분들에게 궁금한 것이 많았나 봅니다.

초록샘이 따라가는 모둠은 역에 내려서 5분을 더 걸어 상점에 갑니다. 학교에서 일찍 출발해서인지 가게 안에는 손님들이 많지 않았어요. 그런데 개똥이들이 가게 앞에 서서 머뭇거려요. 물건을 사러 온 게 아니라서 들어가기 부끄러웠나 봐요. 그때 가게 안에 있던 분이 밖으로 나왔어요. 학교에 있어야 할 아이들이 가게 앞에 줄곧 서 있으니 궁금했나 봅니다.

"너희들 학교에 안 가고 왜 여기 있니?"

말문을 열지 못하던 개똥이들에게 가게에서 일하는 분이 다가와 말을 걸어 주었네요.

"저희들은 둔대초등학교 3학년이에요. 사실은 저희가 우리 동네에서 사람들이 많이 모이는 곳을 직접 찾아보는 공부를 하려고 왔어요."

"오, 그래요. 근데 여기는 너희들이 사는 곳에서 좀 떨어져 있는데 여기까지 너희들끼리만 온 거야?"

"네, 저희들이 여기 계신 분들에게 궁금한 게 있는데 여쭤 봐도 되나요?"

처음엔 부끄러워 말도 걸지 못했던 개똥이들입니다. 허락을 받고 나니 마음이 편해졌는지 여기저기 잘 돌아다닙니다. 일하는 분들에게도 다가가고 물건을 사러 나온 사람에게도 다가갑니다. 이렇게 세 시간을 돌아다니며 궁금증을 풀고 다시 학교로 돌아옵니다. 돌아오면서 중심지에서 식구들에게 필요한 물건도 하나씩 사 봅니다. 공부도 스스로 주인이 되어 해 보니 재밌는지 날마다 이런 공부만 하자고 합니다. 개똥이들이 직접 사람들을 만나서 궁금한 것을 묻고 사람들이 어떻게 살아가는지 알아갑니다.

사람들은 함께 모여서 더불어 살아갑니다. 혼자서는 살아갈 수가 없지요. 함께 살아가기 위해서 모입니다. 먼 곳에 갈 때는 지하철과 버스를 타려고 모이고, 아플 땐 병원에서, 필요한 것을 살 땐 큰 상점에서 모입니다. 이렇게 사람들이 많이 모이는 곳에 직접 찾아간 개똥이들은 사람들이 살아가기 위해 필요한 것이 무엇인지 하나라도 얻었겠지요. 우리 마을 중심지에서 개똥이들이 스스로 배운 것이 나눔이 되길 바랍니다.

신발주머니가
없어졌다

학교에서 자주 일어나는 일이 있어요. 신발장에 있던 멀쩡한 신발주머니가 온데간데없이 사라지는 거죠. 다사랑반에서도 신발주머니가 없어졌어요. 이런 일이 생기면 참 난감합니다.

종현이(가명)의 신발주머니가 없어진 날은 6월 어느 수요일이었어요. 수요일은 4교시만 하고 집에 가는 날입니다. 개똥이들은 급식을 먹고 집에 갈 준비를 합니다. 종현이도 급식을 다 먹고 집에 가려고 책가방을 챙겼습니다. 초록샘과 손뼉을 마주치며 헤어지는 인사를 하고 교실 밖으로 나갔어요. 10분이 지나서 휴대전화가 울립니다. 화면에 '종현 어머니'라고 찍힌 채 막 울려 댑니다.

"여보세요. 종현 어머니, 안녕하세요?"

"네, 선생님. 저 종현이 신발주머니가 없어졌다고 하네요?"

종현 어머니의 목소리는 높고 빨랐습니다. 숨소리도 거셌습니다.

"종현이 신발이 없다구요? 종현이가 저한텐 말하지 않고 그냥 운동장으로 나갔나 봐요. 어머니, 제가 찾아볼게요."

종현이는 또래 다른 친구들보다 키도 크고 몸집도 큽니다. 1, 2학년 땐 하굣길에 아빠와 손잡고 같이 가는 것을 자주 봤어요. 3학년에 다시 같은반이 되었지요. 처음엔 종현이를 잘 모르다가 하루하루 시간이 갈수록 걱정거리가 많아졌어요. 종현이가 또래 친구들과 다른 모습들이 많이 보였거든요. 수업 시간에도 3학년이 할 수 있는 것을 할 수가 없었어요. 그러다 보니 종현이는 선생님과 동무들 도움이 많이 필요했어요.

이렇게 3월, 4월, 5월 석 달을 보내고 6월이 되었어요. 종현이 부모님은 종현이가 동무들과 잘 지내고 있는지 궁금해하셨고 종현이 학교생활로 고민이 많았어요. 초록샘도 종현이를 더 눈여겨보며 종현이가 학교생활을 잘 할 수 있도록 돕고 있었어요. 그렇게 학교에 잘 적응하고 있을 때 신발주머니가 없어졌단 말이죠.

종현이 어머니 전화를 끊고 교실 뒷정리는 아이들에게 부탁하고 급히 운동장으로 뛰어나갔습니다. 머릿속은 뒤죽박죽이었습니다. 교문 앞에 종현이가 할머니와 함께 있었습니다. 맞벌이하는 부모님 대신 할머니께서 종현이를 데리러 오셨나 봅니다.

"종현 할머니, 안녕하세요? 종현이 담임이에요. 걱정 많이 하셨죠? 오늘은 그냥 실내화 신고 집에 가고요, 제가 신발주머니를 찾아보고 다시 전화드릴게요."

할머니 표정은 그다지 좋지 않았지만 신발주머니가 없는 이상 다른 방법이 없었습니다. 종현이는 할머니 차에 타고 집으로 갔습니다.

햇빛이 유난히 더 세게 내리쬡니다. 머리가 더 뜨겁습니다. 종현이를 보내고 운동장을 돌아보니 오만 가지 생각이 떠올랐습니다.

'누가 장난을 친 거야? 이놈들, 신발주머니 찾기만 해 봐라!'

개똥이들이 신발주머니를 숨겼다고 생각할 수밖에 없었어요. 어쩔 수가 없습니다. 멀쩡한 신발주머니가 없어졌다는 건 종현이를 골탕 먹이려고 개똥이들이 작당한 것이라고 단정 지었습니다. 종현이가 교실에 들어올 때 신발주머니를 현관에 두고 왔을 수도 있는데 말이죠. 어쨌든 초록샘은 종현이의 신발주머니를 꼭 찾아야 했어요. 이 문제를 해결하지 않으면 더 큰 일도 일어날 것 같아 두려웠어요.

먼저 운동장부터 돌아보기로 했어요. 운동장 스탠드 쪽으로 가니 현우(가명)와 이슬이(가명)가 앉아 있습니다.

"현우야! 이슬아! 선생님이 신발주머니를 찾고 있는데 도와줄 수 있겠니?"

"누구 건데요?"

"종현이 신발주머니가 없어졌는데 같이 찾아봐 줄래?"

"네."

"먼저 운동장을 찾아보고 학교 건물 안도 둘러보자."

이렇게 운동장 구석구석을 30분 정도 찾아도 종현이 신발주머니는 보이지 않았어요. 학교 건물 안으로 들어가서 다른 반 교실과 신발장, 화장실, 분실물 보관함 여기저기를 다 돌아보아도 없었습니다. 교실로 돌아와서 학교 모든 선생님들에게 종현이 신발주머니가 없어졌으니 찾아 달라고 문자로 알렸습니다.

"현우야, 이슬아, 고맙다. 힘들었을 텐데 다음에 선생님이 보답할게."

현우와 이슬이를 보내고 자리에 잠깐 앉았습니다. 아무도 없는 교실에서 어떻게 할지 곰곰이 생각했어요.

'그래 내일까지 기다려 보자. 개똥이들한테 솔직하게 물어봐야지.'

그러고는 종현 어머니한테 문자를 보냈죠.

"종현 어머니 많이 속상하셨죠. 부탁드리려고 문자 드렸어요. 제가 학교를 돌아봤는데 종현이 신발주머니가 안 보이네요. 제가 내일 아이들한테 한 번 더 물어볼게요. 시간을 좀 주시면 개똥이들과 문제를 해결해 볼게요."

개똥이들을 믿어야지 누굴 믿겠어요. 개똥이들에게 물어보고 해결하자고 생각했지만 오후 내내 마음이 무거웠어요. 퇴근 시간이 가까워질 무렵 복도에서 큰 목소리가 들려옵니다.

"어디에 둔 거야. 빨리 찾아봐! 네 물건은 네가 제대로 챙겨야지!"

호통치는 큰 목소리에 놀라 복도로 뛰어나왔어요. 종현이 아빠가 종현이를 데리고 학교에 온 것입니다.

"종현 아버지, 제가 종현 어머니께 문자를 드렸어요. 시간을 주고 기다려 주시면 우리 반 아이들과 이야기 나누며 해결할게요. 며칠만 기다려 주세요."

"아닙니다, 선생님. 종현이가 자기 물건을 제대로 못 챙겼을 수도 있습니다. 자기 물건을 잘 챙기도록 제가 교육시켜야 합니다. 신발주머니 못 찾아도 괜찮습니다, 선생님. 걱정 마세요."

종현이 아버지는 늘 종현이 때문에 걱정이 많은 분이기에 종현이가 스스로 자기 할 일을 할 수 있도록 엄격하게 교육하는 편이었어요. 아버지까지 학교에 와서 신발을 찾으니 마음이 더 무거워졌습니다.

다음 날 개똥이들을 만났어요. 종현이가 도움반에 잠깐 가 있을 때 개똥이들한테 이야기했어요.

"얘들아, 어제 종현이 신발주머니가 없어졌어. 현우랑 이슬이랑 같이 학교를 다 뒤져 봐도 없더라구. 그리고 종현이랑 종현 아버지께서 다시 학교에 와서 찾아봐도 없더라. 선생님 마음이 많이 불편해."

말을 이었습니다.

"어제 종현이 아버지 마음이 어떠셨을까? 혹시 종현이 신발주머니 본 사람은 제자리에 가져다주면 좋겠어."

이렇게 말하고 하루가 지나도 신발주머니는 보이지 않았어요. 찾을 수 없겠다는 생각을 하고 단념하려고 했습니다.

그런데 다음 날 희주 손에 종현이 신발주머니가 있습니다. 얼마나 기뻤는지 눈물이 다 날 것 같았어요.

"희주야, 이거 어디서 찾은 거야?"

"교실 뒤 책꽂이 옆에 있던데요."

갑자기 머릿속에 엉켜 있던 온갖 생각들이 사라졌습니다.

누군가 종현이 신발주머니를 숨겼을 거라고 생각했습니다. 아닐 수도 있습니다. 중요한 건 종현이 신발주머니가 돌아왔다는 것이고, 앞으로 종현이와 더 잘 지내고 마음을 더 내어 줘야겠다고 느낀 일이었습니다.

교실에선 날마다 별별 일들이 일어납니다. 개똥이들과 알콩달콩 재미난 일도 있지만 해결해야 할 일들도 많죠. 종현이 신발주머니는 많은 숙제를 남겼습니다.

2부

여름

개똥이들과
시 쓰며 공부해요

우리 반 개똥이들은 주마다 '시와 노래'를 정해서 늘 같이 읽고 노래합니다. 개똥이들이 시를 써요. 자연에서 자주 놀다 보니 자연에서 보고 겪은 이야기를 시로 써요. 개똥이들과 함께 시 쓰며 공부한 이야기를 해 볼게요.

소중한 흙 한 줌

개똥이들은 날마다 학교 텃밭에서 흙과 농작물, 풀과 엉켜서 살아갑니다. 자기 손으로 키우니 날마다 먹는 먹을거리를 고맙게 생각해요. 농작물이 자랄 수 있도록 돕는 햇빛이며 물, 흙에도 고마운 마음을 가져요. 요즘 아이들은 흙을 더럽게 여기기도 하는데, 개똥이들은 흙을 좋은 동무로 생각해요. 사람만 동무가 되는 게 아니라는 걸 깨달아 갑니다.

태은이와 나연이는 참외를 키워요. 금요일이면 아침 시간과 중간 놀이 시간에 텃밭에 나가서 풀도 뽑고 물도 주고 열매도 거두지요. 어느 날 밭에 참외가 열린 것을 보고 흙한테 고마운 마음을 글로 담았어요.

흙

김태은

흙은 참 좋은 친구다.

흙은 식물을 자라게 해 주고

흙은 곤충도 살게 해 주고

흙은 사람도 살게 해 주는

이 흙이 나는 참 좋다.

오늘 밭에 갔더니 오이랑 참외랑 서로 엉키면서 자라고 있었다. 그래서 힘들게 나연이랑 엉킨 것을 풀었다. 그리고 참외가 7개나 열려 있었다. 나연이는 "우리가 이때까지 참외가 이렇게 많았는지 몰랐던 거야?"라고 했다. 그리고 잡초를 뽑았는데 뿌리가 깊이 박혀 있어도 나연이랑 힘을 합해서 뽑으면 잘 뽑혔다. 흙이 힘이 세다. (김태은)

꽃봉오리와 숨바꼭질

개똥이들은 자연과 어울리는 것을 좋아해요. 세헌이는 꽃봉오리와 숨바꼭질을 하며 놀아요. 나뭇가지에 핀 꽃들과 숨바꼭질하는 모습이 정말 예뻐요. 또 꽃봉오리와 동무가 되어 가위바위보를 해요. 세헌이가 술래가 되었네요. 아마도 세헌이는 꽃봉오리한테 일부러 져 준 건지도 모르겠어요. 마음속으로 천천히 숫자를 세고 봉오리를 찾았지만 봉오리는 찾지 못했어요. 찾으려 했다면 쉽게 찾았을 텐데 말이죠. 세헌이는 꽃봉오리가 꽃으로 피지 말고 봉오리로 남아 있었으면 하는 마음이지 않았을까요?

숨바꼭질

진세헌

봉오리랑 나랑
숨바꼭질을 한다.
가위 바위 보
으악! 내가 졌다.
10 9 8 7 6 5 4 3 2 1
땡
봉오리야 어디 있니?
봉오리가 꽃에 가려져서
보이질 않는다.
결국 봉오리는 찾지 못했다.

우리 학교 동상

우리 학교는 오래되었어요. 오래된 학교라 화단에 이순신 장군, 책 읽는 소녀, 신사임당 동상과 기린, 호랑이, 사자 동상 들이 있어요. 개똥이들은 이런 동상하고도 재미나게 이야기를 나눠요.

동상

김건일

우리 학교 앞 동상
날마다 보는
이순신 장군, 세종대왕, 유관순 누나

여기가 바로

서울 광화문

우리 학교는 경복궁 앞

동 상

동상은

화를

잘 참는다.

메롱 하고 놀려도

움직이지도 않고

표정 한번 안 바뀐다.

비 오는 날

여름이 오니 비가 자주 와요. 비가 오는 날은 축축해요. 비 오는 날은 축축하니까 개똥이들이 좋아하지 않아요. 이런 날은 개똥이들과 밖으로 나가 한 손은 우산을 들고 한 손은 우산 밖으로 내밀어 봐요. 빗방울을 자세하게 들여다보기도 해요. 우산 위에 떨어지는 빗방울 소리도 들어요. 그러다 보면 비랑 쉽게 친해지지요.

- 비가 내린다. / 땅에 떨어지면서 / 물길을 만든다. // 운동장에 있는 / 소나무 개암나무 / 물을 턴다. (김형준)

- 똑똑똑 / 비가 온다. / 비는 / 젓가락처럼 / 일자로 온다. / 비야 /

제발 / 그쳐라. / 비는 / 안 그친다. (이원석)

- 빗방울이 옹기종기 / 모여 있었다. / 끝도 없이 / 모여 있었다. / 그런데 / 맨 뒤에 / 넘어져서 / 도미노처럼 / 우루루 / 떨어진다. / 운 좋은 / 빗방울은 / 내 우산 위에 / 떨어진다. (남송현)

- 비를 맞아도 / 우뚝 서 있는 / 이순신 / 비를 맞아도 / 춥지 않고 / 그냥 가만히 / 서 있는 / 이순신. (김장호)

- 우산에서 / 소리가 난다. / 투둑 투둑 / 비에게 물어봤다. / 투둑 투둑이 좋니? (이서영)

- 톡톡톡 토도도 / 비가 온다. / 학교는 작은 섬 / 운동장은 바다 / 나무는 바다풀 / 비는 하늘과 땅을 잇는 끈 / 바다에 빠지지 말고 / 비 타고 올라가자. (문수혁)

- 비가 내린다. / 비는 바람이 / 부는 쪽으로 내린다. / 비는 바람이 / 있어야지 / 방향을 바꿀 수 있다. (김준)

- 투두둑 투두둑 / 비가 온다. / "비야 뭐하니?" / "하늘이 재미없어서 / 미끄럼틀을 타고 내려오고 있어." // 빗방울이 / 톡톡 / 떨어진다. // 꼭 / 달걀노른자가 / 터지는 것 같다. (허나연)

- 축축히 젖은 목화솜을 보니 / 비 오는 날 우산 없이 / 일하시는 / 아빠가 생각납니다. (정소윤)

- 비 오는 날 / 우리 학교 / 플라타너스 나무 / 바람에 난리 난 / 곰 같아요. // 비 오는 날 / 우리 학교 / 버드나무 / 빗물에 젖어 축 처진 / 돼지 같아요. (심수현)

개똥이들
여름 소풍

우리 마을은 도시에 있는 마을이지만 시골 냄새가 많이 나는 곳이죠. 그래서 개똥이들과 동네를 돌아다니며 공부를 많이 합니다. 6월을 보내고 7월이 되니 날씨도 더워지고 교실에 앉아 공부하는 것도 힘들어집니다. 개똥이들은 우리 마을에서 여름을 날 수 있는 곳을 찾아 나서기로 했죠.

"우리 마을에서 여름 날 수 있는 데가 있을까?"

개똥이들도 곰곰이 생각합니다. 사실 더운 여름날엔 에어컨이 있는 시원한 곳이나 더위를 피할 수 있는 데로 많이 찾아가죠.

"선생님, 도서관에 가면 시원해요."

"그래, 선생님도 여름엔 도서관에 자주 가지. 우리 집 앞이 바로 도서관인데, 책 보며 여름 보내기 참 좋지."

"또 여름 나기 좋은 곳이 없을까?"

여기저기 웅성거리는데 갑자기 현솔이가 손을 들고 말합니다.

"선생님! 저 지난주에 반월천에 갔어요."

반월천은 우리 학교에서 걸어가면 있는 작은 개울가입니다.

"거기 가서 텐트도 치고 물에 들어가서 물고기도 잡았어요."

이 말을 듣는 순간, 개똥이들과 반월천에 가면 좋겠다는 생각을 했어요. 개똥이 탐험대도 지난번에 학교 앞에서 반월호수까지 가 봤다고 했으니 이참에 반월천으로 여름 소풍을 가고 싶은 욕심이 생겼어요.

"우리 반월천으로 소풍 가 볼까?"

초록샘은 벌써 소풍 갈 생각에 개똥이들보다 더 설레어합니다.

"네! 선생님, 우리 간식도 가져가요!"

개똥이들도 덩달아 눈빛이 반짝입니다. 우리는 다음 주에 걸어서 반월천에 가기로 정했어요.

개똥이들은 다음 날 학교에 와서 제 옆을 벗어나지 않습니다.

"선생님, 우리 반월천에 가서 '무궁화꽃이 피었습니다' 놀이 할 거예요. 참, 수건돌리기도 해요."

"그래, 놀이도 해야지."

제가 계획을 세우지 않아도 개똥이들은 알아서 소풍 가서 할 놀이를 준비합니다.

"선생님, 우리 물속에 들어가요?"

'아, 그렇지. 물에 들어가야 하나? 들어가면 안 되나? 당연히 개똥이들은 들어가고 싶겠지.'

그래서 반월천에 미리 가 보았어요. 걸어서 40분쯤 걸리는 거리예요. 개똥이들이 혼자 걸어가면 힘들겠지만 같이 걸어가면 충분히 갈 수 있을 것 같아요. 둘러보니 놀이할 공간도 충분하고 공중화장실도 깨끗했어요. 반월천에 맨발로 들어가 보았어요.

물속에 들어가는 게 위험하지 않을까 걱정이 되었어요. 바다에 돌멩이가 있어서 다칠 수도 있으니까요. 개똥이들 안전이 우선이니 활동할 때마다 조심해야 해요. 그런데 안전을 너무 강조하면 아무것도 할 수가 없어요. 그래서 개똥이들과 반월천에서 할 활동들을 같이 이야기 나누고 조심해야 할 것도 이야기 나누었어요. 여름 나들이 계획을 꼼꼼하게 살피고 소풍 가는 날만 손꼽아 기다렸어요.

드디어 반월천으로 소풍 가는 날입니다.

멀리 가지 않고 마을에 있는 곳을 가는데도 개똥이들은 신이 났습니다. 가방에 간식도 많이 가져왔어요. 가방이 빵빵합니다.

먼저, 아프거나 화장실 다녀올 개똥이들을 살펴요. 놀러 가는 날 아프면 아무것도 할 수 없고 길을 걸어가다가 배가 아프면 이러지도 저러지도 못할 일이 생기거든요.

"우리 걸어서 반월천까지 갈 거예요. 가다가 배 아플 수 있으니 화장실 먼저 다녀오고 운동장으로 나가요. 그리고 배 말고 다른 데가 아프면 선생님한테 꼭 말해 주세요."

개똥이들은 운동장에서 두 줄로 맞춰 서서 노래를 부르며 걸었습니다. 날마다 다니던 길도 새롭게 보입니다. 늘 보던 나무도 오늘은 반갑다고 한 번 더 인사를 합니다. 지나가던 마을 아주머니도 손을 흔들며 인사합니다. 마을 소풍은 우리가 늘 만났던 것을 새롭게 만드는 신기한 힘이 있습니다.

초록샘은 동현이랑 손잡고 갑니다. 동현이는 엄마와 단둘이 삽니다. 동현이와 손잡고 가면서 사는 이야기도 주고받고 끝말잇기도 합니다. 아빠가 돌아가신 지 얼마 되지 않았지만 꿋꿋하게 이겨 내고 있습니다.

대견하고 기특합니다. 꿋꿋하게 잘 살아갈 수 있도록 힘을 줍니다. 길을 걷다가 토끼풀꽃을 꺾어 선물로 팔찌도 만들어 줍니다.

반월천에 도착했어요. 가방을 나무 아래에 가지런히 두고 돗자리에 앉아 개똥이들과 오늘 할 공부를 나누었어요.

"오늘 우리는 교실에서 하는 공부를 반월천에서 하는 거예요. 공부하는 장소만 바뀌었지 다른 것은 그대로랍니다. 먼저 할 공부는 반월천 안에 들어가서 물속에 사는 동물들을 찾아보는 거예요. 그런데 물속에 사는 동물들을 잡아가진 않을 거랍니다. 살펴본 다음 그대로 놓아 줄 거예요. 그리고 하나 더, 물놀이를 하려고 온 게 아니기 때문에 동무들한테 물을 튀기지 않도록 해 주세요. 뜰채를 가지고 물고기를 잡을 때도 조심히! 알겠지?"

"네!"

이렇게 당부하지 않으면 금세 장난이 많아지고 사고로 이어지기 때문에 기본 약속을 꼭 합니다. 개똥이들 고함 소리는 물소리와 함께 어울려 흘러갑니다.

물속에 발을 담그자 여기저기서 또 소리칩니다.

"선생님, 물이 차가워요! 여름인데 발 시려워요!"

"선생님, 여기 와 봐요. 물고기예요, 물고기!"

"히히히히, 발밑이 간지러워요."

물속에 들어간 개똥이들이 어쩔 줄 모릅니다. 물을 튀기지 말라고 당부했지만 물을 튀기면서 노는 게 아이들입니다. 서준이는 머리에서 발끝까지 다 젖었습니다. 개구쟁이 개똥이들, 이렇게 웃으며 아이들은 큽니다.

40분쯤 놀았을까요? 시간 가는 줄 모르고 강을 오르내리다, 물 밖에 나와 수건돌리기 놀이도 합니다. 숨을 헐떡이며 술래를 잡다 보니 힘이 빠집니다.

"선생님, 배고파요."

"그래, 우리 간식 좀 먹고 놀까?"

우리들은 자리를 깔고 맛있는 간식을 나누어 먹었어요. 줄줄이 서서 기계처럼 공부하는 체험학습보다 마을에서 자연과 어울려 여름 공부를 합니다. 그 어떤 공부보다 값진 공부였어요.

요즘은 소풍이란 말보다 '현장체험학습'이란 말을 많이 합니다. 모두 버스를 타고 붐비는 체험학습장에 가서 정신없이 우르르 몰려다니고 해설사의 설명을 듣고 나서 차를 타고 학교로 돌아옵니다. 이런 현장체험학습이 아니라 마을을 걸어서 찾아가 동무들과 어울려 놀다가 맛난 것도 나눠 먹고 장기 자랑도 하는 소풍을 다녀왔습니다. 개똥이들은 돌아오는 길에 다리가 아프다고 했어요. 그러면서 또 가자고 합니다. 다음엔 마을 뒷산을 올라야겠어요.

달빛
교실

개똥이들과 한마을에 살다 보니 학교 가는 길에 개똥이들을 자주 만납니다. 10분 정도 걸리는 등굣길에는 산과 들, 하늘과 땅, 나무와 들풀, 꽃, 새와 곤충들에게 날마다 인사를 건네며 걸어요. 가끔 개똥이들과 산길에 줄줄이 모여 새로 핀 달개비꽃과 이야기 나누다가 지각을 하기도 합니다.

눈앞에 학교가 보일 즈음 바로 뒤에서 연우가 부릅니다.

"선생님, 우리 학교 교문까지 누가 빨리 뛰는지 달리기 시합해요."

연우는 달리기를 정말 잘하는데, 그걸 뽐내고 싶었는지 달리기를 하자고 합니다.

"어쩌지? 연우야, 선생님이 오늘은 몸이 안 좋네. 미안하지만 그냥 걸어가자. 응? 연우야, 응?"

연우는 어쩔 수 없이 양보하는 눈빛을 보냅니다. 개똥이들도 초록샘이 달리기 못하는 걸 잘 알거든요.

"에이, 선생님 질 거 같아서 그런 거죠? 다음엔 꼭 해야 해요."

그러면서 5학년인 형이 어제 학교에서 하룻밤 잔 이야기를 합니다.

"선생님, 어제 우리 형아네 반이요, 학교에서 잠을 잤대요. 우리 반도 자고 싶어요. 우리도 학교에서 잠자요, 네?"

연우는 애교를 부리며 초록샘을 꼬드깁니다.

"연우야, 5학년은 우리보다 두 살이나 많아. 형아니까 학교에서 하룻 밤 자도 괜찮지. 우린 아직 어리잖아."

"두 살 차인데, 우리도 할 수 있는데……."

연우 말에 대답을 얼버무리며 교실에 들어오니, 벌써 교실엔 5학년 이 학교에서 하룻밤 잔 이야기로 떠들썩합니다. 전교생이 300명 남짓 한 작은 학교라서 재미있는 행사를 하면 금세 소문이 퍼지거든요. 3학 년 개똥이들도 학교에서 하룻밤 자고 싶다고 계속 졸라 댑니다.

"학교에서 자려면 부모님 허락도 받아야지, 그리고 학교에 허락도 받 아야 해. 또 밤에 교실에서 자려면 준비물도 많이 필요하고 계획도 세워야 하는데……."

걱정이 많았어요. 개똥이들과 하룻밤 자는 게 쉬운 일은 아니거든요. 그래서 잠자는 건 빼고 저녁에 학교에서 노는 것으로 이야기해 봤어요.

"학교에서 하룻밤 자는 건 어려울 것 같고, 잠은 자지 말고 밤늦게까 지 학교에서 놀면 어떨까?"

개똥이들은 그것도 좋다며 큰 소리로 대답합니다.

"아, 잠깐! 근데 개똥이들이 하고 싶은 게 뭐야? 선생님도 알아야 준 비를 하지. 내일까지 학교에서 놀거리 생각해 오기 숙제!"

"선생님, 걱정 마세요. 우리들이 알아서 다 준비할게요. 그런데 학교 에서 쓸 수 있는 재료는 부탁드려도 되는 거지요?"

"근데 우리 반만 하지 말고 옆 반도 같이하면 어떨까?"

"와! 좋아요. 선생님!"

우리 반 개똥이들만 데리고 '달빛 교실'을 하기가 미안해서 급하게 옆 반 선생님들한테도 말했더니 다행히 함께하는 것을 좋아하셨어요. 그래서 개똥이들이 하고 싶은 것을 먼저 정한 뒤에 전체 계획을 선생님들과 함께 준비했어요.

달빛 교실을 하기로 한 날입니다. 개똥이들은 수업을 마치고 집으로 돌아갔다가 저녁에 다시 학교로 오니 신기한가 봐요. 늦은 시간까지 놀 생각을 하니 신이 났어요. 보통은 이 시간이면 집에서 밥 먹고 숙제하느라 정신없을 텐데 말이에요.

달빛 교실에 모인 개똥이들은 들떠 있습니다.

"저녁에 학교에 다시 오니까 기분이 어때?"

"엄마랑 학습지 숙제 안 해도 되니까 좋아요."

"선생님, 전 오늘 피아노 학원도 빠졌어요. 히히."

"밤에 학교에서 노니까 당연히 좋죠."

개똥이들은 노는 게 질릴 만도 한데 그렇지 않은가 봅니다.

"달빛 교실은 5시부터 10시까지 할 거예요. 밤에 부모님들이 데리러 오기로 약속했는데, 부모님이 못 오면 미리 선생님한테 얘기해 주세요. 이제 운동장 놀이 할 거예요. 다 같이 운동장으로 나갈까?"

운동장으로 나간 아이들은 세 모둠으로 나눠서 비석치기, 달팽이집 놀이, 8자놀이, 사방치기를 했어요. 학교에서 늘 하던 놀이지만 지겹지도 않아요. 발등에 얹어 놓은 비석은 왜 이리도 잘 떨어지는지 아쉽기만 해요. 땀을 뻘뻘 흘리며 가위바위보를 하고 달팽이를 돌아요. 8자를 돌며 술래에게 잡히지 않으려고 안간힘을 써요. 결국 잡히지만요. 한 시간을 놀고 나니 숨이 차고 땀범벅이 되었습니다.

"선생님, 좀 쉬었다가 해요. 너무 힘들어요."

"그래, 그럼 오 분 쉬고 물총놀이 해 볼까?"

물총놀이는 개똥이들이 여름철에 가장 좋아하는 놀이예요. 물총이 없을 때에는 페트병을 재활용해서 구멍을 뚫어 놀았는데요, 이날은 학교에서 아이들이 가지고 놀 수 있도록 물총을 미리 사 뒀어요.

"지금부터 물총놀이 할 거예요. 그런데 물총놀이 할 때는 운동장 가운데 달리기 선 안에서만 하도록 해요. 쉬고 싶은 친구들은 선 밖으로 나와요. 자, 지금부터 물총놀이 시작! 호호록, 휘."

호각 소리와 함께 개똥이들은 신나게 운동장을 누비고 다녀요. 처음에는 동무들끼리 물을 쏘더니 갑자기 공격 대상을 초록샘으로 바꾸네요. 개똥이들을 피해 다니느라 어찌나 뛰었던지 다리가 후들후들거려요. 모두들 머리에서 발끝까지 물에 흠뻑 젖었습니다. 땀범벅이었는데 이제 온몸이 물범벅이 되어 버렸어요. 누가 선생이고 누가 애들인지 알 수 없을 정도로 신나게 놀았습니다.

"선생님, 배고파요. 밥 먹고 싶어요."

한 시간을 훌쩍 넘겨 뛰어놀았으니 당연히 배가 고프겠죠. 한 개똥이가 입을 떼니 병아리 떼처럼 졸졸 배가 고프다고 합니다.

"그래, 교실로 들어가자. 얘들아! 옷이 다 젖어서 옷 갈아입어야지. 여학생은 3학년 1반에서 갈아입고 남학생은 3학년 2반에서 갈아입자. 그리고 옷 다 갈아입기 전에 나오지 말기. 약속!"

다 젖은 옷을 갈아입으려고 교실로 들어오니 정신이 없어요. 여학생과 남학생을 두 반으로 나누어 옷을 갈아입는데 교실이 시끌시끌해요. 아이들은 신났어요. 옷을 갈아입고 정리를 하는데 선생님들은 벌써 기운이 다 빠졌어요. 그런데 개똥이들은 아직도 기운이 팔팔해요. 저녁도 안 먹었는데 말이에요.

저녁은 개똥이들이 직접 주먹밥을 만들어 먹기로 했어요. 반찬은 김치입니다. 어찌나 배가 고팠는지 큰 그릇에 밥을 담아 주었더니 손으로 대충 주먹밥을 만들어 입으로 넣어요. 입가에 밥풀을 묻히면서 동무들과 밥을 먹으니 집에서 먹는 밥보다 맛있다고 해요. 세상에 이렇게 맛있는 밥은 처음이라면서.

밥을 다 먹고서 설거지도 합니다. 집에서는 엄마가 다 해 주지만 학교에선 스스로 해 봅니다. 그런데 설거지도 동무들과 같이하니 놀이가 됩니다. 자기가 먹은 그릇을 깨끗이 씻고 모두 강당에 모여 장기 자랑을 했어요. 장기 자랑을 끝으로 학교에서 아침부터 밤까지 하루를 보낸 달빛 교실을 마쳐요. 긴 하루였어요.

개똥이들과 칠흑같이 어두운 운동장을 가로질러 걸어요. 늦은 밤 교문에서 부모님이 기다리네요. 개똥이들은 엄마 아빠를 보고서는 빠르게 뛰어갑니다.

온종일 개똥이들 재잘거림으로 가득했던 운동장이 이젠 달빛으로 가득합니다. 개굴개굴 개구리 우는 소리가 유난히도 크게 들립니다. 신나게 논 오늘 하루가 개똥이들이 어른이 되었을 때 행복한 추억거리가 되겠지요.

선생님,
팥빙수 해 먹어요

이제 열흘만 더 지나면 여름방학이에요. 여름방학은 개똥이들도 기다리지만 초록샘도 개똥이들만큼 여름방학을 기다리고 있답니다. 한 학기 동안 개똥이들과 공부하고 반에서 생기는 여러 문제들과 부딪히다 보면 몸도 마음도 지칠 대로 지칩니다. 방학이 된다고 해서 선생이 마냥 노는 것은 아니지만 한 학기 동안 지친 몸과 마음을 회복할 시간이 되어 주는 것만은 분명합니다.

그래도 개똥이들이 더 여름방학을 기다리겠지요. 어쨌든 여름방학을 하기 전까지는 학교에서 개똥이들과 신나게 지내야죠.

금요일 학급회의 시간입니다.

아이들은 한 주에 있었던 좋았던 점과 아쉬운 점을 이야기 나눕니다. 아쉬운 점을 이야기할 때였습니다.

"저는 선생님한테 아쉬운 점이 있어요."

조용히 개똥이들이 하는 말을 듣다가 갑자기 놀라 고개를 들었습니다. 소윤이었습니다. 소윤이는 늘 예리한 눈빛으로 문제를 잘 집어내는 아이였는데 제가 뭘 잘못했나 봅니다.

"소윤 님, 혹시 무엇인지 자세하게 말해 줄 수 있나요?"

회의를 진행하는 회장이 소윤이에게 또박또박하게 물었습니다. 저는 정신을 바짝 차리고 소윤이 말을 들었지요.

"3월에 선생님이 우리 반 아이들이 좋아하는 활동을 많이 하겠다고 했는데 여름방학이 10일밖에 안 남았는데 공부만 하고 재미있는 활동이 없어서 아쉬워요."

소윤이 말을 듣는 순간, 선생으로 할 말은 바로 해 버리고 싶었지만 개똥이들 이야기를 들어 보고 싶었어요. 저도 손을 들고 기다렸어요.

"선생님, 말씀하세요."

"소윤이가 아쉽다고 말한 것에 답하려 해요. 먼저 소윤이 마음처럼 우리 반 동무들도 다 비슷한 마음이 들었을 거라 생각해요. 그런데 우리가 날마다 놀 수는 없어요. 때론 책상에 앉아서 하는 공부도 해야 합니다. 대신 다음 주 학급자율활동시간에 하고 싶은 활동을 할 수 있어요."

하고 싶은 것을 한다 하니 개똥이들은 신이 났어요. 여기저기서 손을 들고 하고 싶은 것을 말해요. 이렇게 손 들고 말하는 모습에 웃음이 나기도 하네요.

"축구 하면 좋겠어요."

역시나 남학생들은 축구를 빼놓을 수가 없어요.

"집에 있는 장난감 가지고 와서 놀면 좋겠어요."

여학생들은 소꿉놀이를 하고 싶은가 봐요.

놀고 싶고 하고 싶은 것들이 마구 쏟아져요.

"하루 종일 잠자고 싶어요."

"영화 보고 싶어요."

"물싸움 하고 싶어요."

그때 시훈이가 이렇게 말했어요.

"아이스크림을 먹으면 좋겠어요."

"그럼, 아이스크림 대신 팥빙수 어때요?"

"좋아요, 좋아요! 집에서 팥빙수 만들어서 먹어 봤어요."

"팥빙수 만들려면 뭐가 필요할까?"

"얼음을 갈아야죠?"

"얼음을 어떻게 갈 건데요?"

"선생님, 걱정 마세요. 우리 집에 팥빙수 얼음 가는 기계가 있어요. 제가 가져올게요."

세헌이가 초록샘 걱정은 걱정거리도 아니라는 듯 말했어요.

"세헌아, 우리 반 동무들이 스물다섯 명인데 기계 하나로 어떻게 다 갈아? 얼음 가는 데 두 시간은 더 걸릴걸."

세헌이한테 실망스런 답이 될 수도 있지만 그냥 하는 말이 아니었어요. 얼음 가는 기계가 있는 것은 사실이지만, 학교에 들고 와서 개똥이들 스물다섯 명이 먹을 양을 만든다는 것은 불가능한 일이었죠. 회의 시간은 끝나 가고 집에 갈 시간이 다 되었답니다.

"선생님, 어떻게 하죠?"

회장은 회의를 어떻게 마무리해야 할지 어려워하며 초록샘을 불렀어요.

"그럼, 집에 가서 학교에서 팥빙수를 해 먹을 수 있는 좋은 방법 생각해 오세요. 숙제입니다."

개똥이들한테 숙제로 내주었습니다. 교실에서 팥빙수 만드는 법을 제가 알려 주는 것보다 개똥이들이 스스로 방법을 찾았으면 하는 마음이었어요. 아마 집에 가서 엄마한테 묻고 형, 누나한테도 묻겠지요.

주말을 보내고 와서 우리들은 교실에 둘러앉았어요. 월요일에는 개똥이들과 주말 이야기를 나눕니다. 세헌이가 말할 차례가 되었어요.

"저는 어제 우리가 팥빙수를 쉽게 해 먹을 수 있는 방법을 알아봤어요. 알고 보니 우리 형이 지난해 초록샘 반이었잖아요. 그래서 쉽게 답을 얻었어요."

"세헌아, 어떻게 하면 되는 거야?"

소윤이가 궁금했는지 바로 묻습니다. 세헌이는 우리 반에서 키가 가장 작은데 목소리는 얼마나 당찬지 몰라요. 자신만만하게 말합니다.

"우유를 냉장고에 얼리면 돼요."

"우유를 얼려 먹어도 괜찮을까?"

"네, 냉장고에 우유를 통째로 넣어서 꽁꽁 얼렸다가 꺼내서 살짝 녹으면 포크로 살살 긁어 먹을 수 있어요. 대신에 선생님이 학교 냉장고에 우유 얼음을 얼려 주시면 돼요."

"아, 그럼 우유 얼음 팥빙수구나!"

세헌이 말에 모두 기분 좋게 손뼉을 칩니다. 저는 개똥이들이 하는 말에 모르는 척 너스레를 떨었습니다.

이렇게 우유를 얼려 팥빙수를 해 먹기로 했어요. 팥빙수는 금요일 급식을 먹고 나서 오후에 먹기로 했어요. 개똥이들은 팥빙수 먹을 날을 손꼽아 기다립니다. 집에서 먹는 팥빙수랑 학교에서 동무들과 만들어 먹는 팥빙수는 그 맛이 다르지요. 함께 나누는 맛이 최고라는 것을 개똥이들은 잘 알고 있습니다.

"선생님은 빙수에 넣을 팥을 가져올게요. 혹시 빙수에 넣고 싶은 과일이나 가루가 있으면 가져와서 나눠 먹어도 좋아요."

아침부터 무덥던 교실에 소나기가 지나가듯 여름 더위를 식히는 함성 소리가 울렸습니다.

학교와 교실에서 개똥이들은 스스로 삶을 만들어 갑니다. 때로는 하기 싫은 공부도 책상에 앉아서 해야 하지만 자기가 하고 싶은 말을 당당하게 하고 함께 문제를 해결합니다. 개똥이들이 교실 속 주인이 됩니다. 초록샘은 개똥이들이 하고 싶어 하는 것을 무조건 다 하게 해 줄 수는 없지만 어떻게 하면 할 수 있을지 귀담아들어 줍니다. 당연히 해결은 개똥이들이 하지요.

팥빙수 만들어 먹는 날! 개똥이들 책상은 언 우유를 부수느라 엉망이 될 거예요. 여기저기 떨어진 우유 얼음 알갱이들을 닦아 내는 수고로움은 있겠지만 교실에서 만들어 가는 개똥이들 삶은 빛이 납니다.

여름방학
선생님 집에서 하룻밤

푹푹 찌는 듯한 더위도 점점 지나갑니다. 여름방학이면 개똥이들은 학교에 가지 않아서 맘껏 늦잠을 자겠죠. 엄마 아빠가 아침마다 일어나라는 소리를 하더라도 그 소리는 일부러 듣지 않을 것 같아요. 늘어지게 늦잠을 자더라도 학교에 안 가니 얼마나 맘이 편하겠어요. 또 식구들과 바닷가, 골짜기를 찾아 물놀이도 하고요.

그런데 이렇게 노는 것도 한두 번이지 계속 물놀이만 할 순 없잖아요. 그래서 시간이 지나면 그동안 만나지 못한 동무들도 보고 싶고 선생님도 어떻게 지내는지 슬슬 궁금해지기 시작합니다. 전화로, 문자로, 편지로 물어봐도 좋지만 개똥이들은 여름방학 중간에 초록샘 집에서 하룻밤 지내기로 하고 깜짝 모임을 했답니다. 초록샘이 산속 시골집에 살았을 때 이야기예요.

초록샘이 지금 살고 있는 곳은 학교 뒤 작은 산길을 따라 10분쯤 걸으면 도착하는 아파트인데요, 이 아파트에 살기 전에는 논과 밭, 작은 언덕배기 산으로 둘러싸인 '안골'이라는 곳에 살았답니다. 도시 가까이에 있는 시골 마을인 '안골'을 가려면 학교에서 걸어서 30분 동안 가야 해요.

지금은 고등학생인 개똥이들이 초등학교 3학년 여름방학에 초록샘 집에서 하룻밤 '작은 여행'을 하기로 했습니다. 원래 '작은 여행'은 개똥이들이 학교를 다닐 때 초록샘과 마을 탐험을 하거나 가까운 곳에 함께 놀러 가는 것인데요, 이때는 '여름방학 작은 여행'으로 초록샘 집에 가기로 했던 거지요.

초록샘 집에 가려고 서영이, 재니, 나연이, 지연이가 교문 앞에서 기다리고 있습니다. 여학생들은 미리 연락을 주고받았는지 만나기로 한 시간보다 일찍 와서 기다립니다. 남학생들도 교문 앞 여학생들을 보고 멀리서 뛰어오네요.

남학생 넷, 여학생 넷 모두 여덟 명이 모였습니다.

"선생님 집은 걸어서 삼십 분 가야 해. 괜찮지? 이 좁은 길을 따라가면 갈치호수가 보이는 길이 나올 거야. 갈치호수 가는 길은 잘 알지? 근데 우리 집은 산길을 따라 가야 해."

"선생님, 산에 사는 거예요?"

"선생님이 사는 곳은 산속이지. 선생님 집 가는 길엔 사람이 살지 않는 집도 있어."

이 말을 듣자마자 질문이 쏟아집니다.

"와! 선생님, 귀신 나오는 거 아니에요? 귀신 탐험해요."

"싫어요! 저 무서워요. 그냥 집에 갈래요."

어떤 개똥이들은 무척 신이 났고 어떤 개똥이들은 무섭다고 손사래를 칩니다.

이렇게 이야기를 주고받으며 산을 지나고 넓은 밭을 지납니다. 그때 갑자기 길가에 거뭇한 무언가가 쓱 하고 지나갑니다.

"선생님, 저거 뭐예요?"

겁이 많은 지연이가 소리를 지릅니다. 길을 걷다 보면 길가에 뱀이 자주 나오는데 어찌 날을 잡아 뱀이 나왔습니다.

"악! 뱀이다, 뱀!"

개똥이들은 뱀을 보자 정신없이 뒤로 숨습니다. 영창이는 뱀을 잡아 본 적 있다며 기다란 막대기를 주워서 뱀 가까이로 다가갑니다.

"얘들아, 잠깐만 잠깐만. 뱀은 먼저 공격하지 않으면 해치지 않으니까 가만히 있어."

뱀은 순식간에 풀숲으로 몸을 숨겼어요.

"선생님도 학교에 오갈 때 이 산길 다니다가 뱀을 자주 봤는데 처음 엔 얼마나 놀랐는지 몰라. 근데 이제 좀 익숙해졌지 뭐. 그래도 아직 많이 무서워."

뱀 이야기를 하다가 산길로 올라가는 언덕 아래를 지나면서 재니가 묻습니다.

"선생님, 저 집이 바로 그 귀신 나오는 집인가 봐요? 벽도 허물어지 고 기왓장도 허물어져 있고 대문도 낡았어요."

개구쟁이 영창이는 겁이 많은 재니가 하는 말을 듣자 장난기가 발동 했어요.

"선생님, 우리 밤에 담력 훈련해요. 선생님 집에서 여기까지 한 사람 씩 보내면 좋겠어요."

"너 그러다 애들 놀라서 까무러치면 책임질 수 있어?"

재니가 영창이한테 한마디 쏘아붙입니다.

이렇게 30분을 걸어 안골 초록샘 집에 도착했어요. 집에 들어가는 쪽은 낡은 나무를 엮어 만든 대문이 있고 키가 큰 자목련 나무가 커다란 그늘을 만들어 주었어요. 그늘 아래에서 초록샘 아들 희문이와 딸 수민이가 반갑게 맞이해 주었습니다. 같은 학교에 다녀서 개똥이들과 잘 아는 사이였거든요.

"선생님 아들이랑 딸 잘 알지? 희문이는 형아고, 수민이는 옆 반 동무니까 물어볼 거 있으면 물어보고. 자, 먼저 우리 집 몽실이랑 뚱이한테 인사하자!"

몽실이와 뚱이는 안골에 살면서 키우던 진돗개와 토끼랍니다.

재니랑 지연이는 넓은 마당을 이리저리 뛰어다니며 여기저기 핀 풀들을 살핍니다. 그러고는 토끼 뚱이한테 다가가 마당에서 뜯어 온 풀을 먹이로 줍니다. 뚱이는 오랜만에 사람들이 북적거리니 신이 나서 발을 들어 올립니다. 손님이 온 게 반가운가 봐요.

"얘들아! 우리 저녁밥도 먹어야 하니까 잠깐 밥 당번을 정하고 놀자. 오늘 저녁과 내일 아침 준비를 나눠서 하면 좋겠는데. 모둠도 나누고 놀면 어떨까?"

개똥이들은 이 말이 끝나기 무섭게 원을 만들어 손바닥 뒤집기(대댄치)로 편을 나누고 무엇을 해 먹을까 정합니다.

저녁밥 재료는 마당 옆 텃밭에서 얻을 수 있는 것이 전부였어요.

"선생님, 우리가 만들 수 있는 게 별로 없는데요. 감자랑 양파 있으면 카레 만들어 볼래요."

"그럼, 먼저 감자랑 양파 껍질을 벗겨 볼래?"

집에서 많이 해 봤다고 자신만만하더니 양파 껍질을 벗기다 눈이 빨개져서 눈물범벅이 되어 버려요. 콧물 눈물 줄줄 흘립니다.

"이렇게 반찬 만드는 게 힘든 건지 지금까지 몰랐어요."

오늘 저녁을 준비하지 않은 개똥이들은 희문이와 보드게임도 하고 수민이랑 만화책 삼매경에 빠졌답니다.

그사이 저녁밥 준비 모둠은 커다란 냄비에 카레를 끓였고 학교에서 먹는 것처럼 줄을 서서 급식판에 밥을 담아 먹었어요. 배식은 희문이와 수민이가 했어요. 반찬은 초록샘표 김치와 멸치볶음 그리고 후식으로 수박을 먹었죠. 집이 좁아서 이 방 저 방에 나눠 앉아 먹었어요.

밥을 다 먹고 나서는 마당으로 나가 차례로 줄을 서서 급식판을 씻었어요. 개똥이들 집에선 부엌 개수대에서 씻지만 초록샘 집에선 마당 수돗가에서 자기가 먹은 급식판을 씻었답니다.

저녁을 먹고 나니 산속에 어둠이 밀려옵니다.

"이제 우리 마당에 영화관을 만들어 볼까?"

집에서 모기장을 들고 나와 개똥이들과 마당 영화관을 함께 준비합니다.

"선생님이 어릴 적엔 모깃불 피우고 마당에서 잠을 잤는데 우리는 모기장을 치자."

모기장 네 귀퉁이를 묶을 곳을 찾아 줄을 연결하고 바닥엔 매트를 깝니다. 그리고 컴퓨터와 프로젝터, 스피커를 연결하니 뚝딱 모기장 영화관이 완성되었어요.

"자, 한 명씩 모기장 영화관으로 들어가 보자. 모기장 들 때 모기 안 들어가도록 조심하고!"

"줄을 서세요, 줄. 오늘 모기장 영화관은 공짭니다."

풀벌레 소리와 함께 영화가 시작되고 여름방학 선생님 집에서 하룻밤 '작은 여행'이 익어 갑니다.

10년이 지난 지금 개똥이들도 하룻밤 추억을 기억하고 있을까요?

3부

가을

여름이 가고
가을이 와요

여름방학을 보내고 온 개똥이들과 2학기 공부를 시작합니다. 모두들 까맣게 탄 걸 보니 여름방학 내내 건강하게 지냈나 봅니다. 집에서 대접받기보다 내가 먼저 주인이 되어 몸을 쓰는 공부를 많이 하려고 노력했겠지요.

개학을 하고 아침저녁으로 선선한 바람이 불지만 아직까지 낮에는 더워요.

봉숭아 물들이기

초록샘과 개똥이들은 여름을 그냥 보내는 게 못내 아쉬워서 손가락에 봉숭아 물을 들이기로 했어요. 여름방학 숙제로 봉숭아 물을 들여 온 개똥이들이 아직 물들이지 않은 동무들이 있다며, 운동장 화단에 피어 있는 봉숭아꽃으로 봉숭아 물들이기를 하자고 자꾸 조르더라고요. 그래서 지난해 문집을 꺼내서 다사랑반 선배가 쓴 일기 글을 읽어 주었어요.

방학에 봉숭아 물들이기

심수현

오늘은 봉숭아 물들이기를 했다. 합기도 가기 전에 유치원 때 친구 혜인이네 밭에서 봉숭아잎과 꽃잎을 따 왔다. 엄마가 저녁밥 먹고 하자 해서 그 순간만을 기다렸다. 합기도가 끝나고 집으로 돌아왔다. 엄마 가 안 된다고 했지만 빨리 하고 싶어서 계속 졸라 댔다. 그래서 오늘은 저녁밥을 일찍 먹었다. 드디어 그 순간이 왔다. 또다시 나는 졸라 댔다. 엄마는 절구와 절구통을 가져다주셨다. 처음에는 언니가 절구통에 들 어 있는 봉숭아잎과 꽃잎을 빻았다. 중간에 소금도 조금 뿌렸다. 언니, 나, 민성이로 돌아가면서 빻았다. 이제 손톱에 물들이는 일이 시작되 었다. 민성이는 우리가 해 주었고 우리는 아빠가 해 주셨다. 손톱에 빻 은 봉숭아를 올려놓고 랩을 감싼 후 종이테이프로 묶었다. 내일이 기 대된다.

수현이가 쓴 일기 글을 다 듣고 나서는 빨리 봉숭아물을 들이자고 더 졸라 대기 시작했어요.

"학교에서 봉숭아물 들이면 아무것도 할 수가 없어. 손 쓰는 게 불편 할 텐데……. 오늘 학교 마치면 수영 가는 아이들도 있잖아."

개똥이들은 아무 문제가 없다는 듯이 웃으며 걱정은 하지도 말라는 듯이 말합니다.

"선생님! 우리가 다 알아서 할게요. 우리가 물들이는 방법은 알고 있 으니까 빨리 해요. 네?"

봉숭아 물들이기는 저녁 무렵에 묶어서 하룻밤을 자고 나야 손톱에 물이 드는데 학교에서 물들이려면 언제쯤 시작해야 할까 고민이 많았어요. '에라 모르겠다. 한번 해 보자' 하고 준비물을 챙겼어요. 절구와 절구통을 준비하지 못해 과학실에 가서 과학 선생님께 약사발과 막대를 빌려 왔어요. 백반가루도 챙겼어요. 비닐과 실도 챙겨 갔어요. 가는 여름을 아쉬워하는 개똥이들한테 봉숭아 물들이기가 소중한 추억거리가 되었으면 했어요.

현재는 일기장에 봉숭아 물들이는 법을 자세히 설명하는 글도 써 주었어요.

봉숭아 물들이기

조현재

오늘은 봉숭아 물들이기를 했다. 운동장 옆에 있는 동물 동산에 가서 했다.

먼저 만드는 방법은

① 백반, 봉숭아꽃잎 20장, 봉숭아잎 40장, 방아 그릇, 반창고, 가위, 비닐장갑을 준비한다.

② 봉숭아꽃잎과 봉숭아잎, 백반을 넣고 충분히 빻는다.

③ 빻은 것을 손톱 위에 올린다.

④ 비닐장갑에서 손가락 부분을 잘라 낸다.

⑤ 손가락에 끼운다.

⑥ 반창고를 감는다.

⑦ 몇 시간 뒤에 뺀다.

봉숭아 물이 잘 들어서 뿌듯하다.

여름이 가는 소리

"여름이 가는 소리는 어떤 소리일까? 들어 본 적이 있나요?"

여름이 가는 소리라, 여름이 가는 소리라는 게 있을까?

초록샘 질문에 개똥이들은 고개를 갸우뚱합니다. 그렇지만 개똥이들은 보이지 않는 것을 찾는 공부를 좋아합니다.

개똥이들과 초록샘은 여름이 가는 소리를 찾고 싶었어요. 그래서 5교시 국어 시간에 학교 건물 뒤 사택 옆에 있는 숲속 교실로 갔어요. 학교 사택 옆 숲속 교실은 정자가 있고 큰 나무 아래 그늘도 있고 풀도 많아요. 정자는 개똥이들이 햇빛을 피해 둘러앉아 공부하기 좋은 곳이에요. 여름방학이 지나고 나서 다른 반 동무들이 아무도 숲속 교실을 찾지 않았나 봐요. 거미들이 거미줄도 많이 치고 풀들이 키가 많이 자라 덤불이 되었어요.

"선생님, 거미줄이 너무 많아요!"

"선생님, 여기 벌레 천국이라구요!"

한숨 섞인 개똥이들 투덜거림에도 아랑곳하지 않고 초록샘은 숲속 교실 정자로 나아갑니다. 여름이 가는 소리를 들어 보려고 나왔는데 거미줄과 풀덤불 때문에 포기하고 교실로 들어가기가 아쉬웠거든요. 벌레들도 너무 많아 걱정은 되었지만 포기하지 않고 조금 더 걸어 올라갔어요. 마침 평평한 산길이 나와 마음이 놓였어요.

"우리, 나무와 풀숲에서 나는 풀벌레 소리와 나무 소리, 바람 소리를 귀 기울여 들어 보자."

"쉿! 조용히 하고."

그런데 여기저기서 부시럭거리며 북북 긁는 소리가 계속 들렸어요.

"선생님, 선생님, 간지러워요."

"조금만 참아 봐. 얘들아, 귀 기울여 잘 들어 봐. 그리고 나한테 들리는 대로……."

그런데 여기저기서 모두들 온몸을 긁어 대며 소리를 지르고 난리가 났어요.

"선생님, 여기 모기 천국이에요. 내 피 다 빨아먹고 있어요."

이런! 그 순간 아차 싶었습니다. 아직 여름이 가지 않았어요. 숲속 교실은 흡혈귀 모기들이 득실득실대는 지옥이었어요.

"얘들아, 빨리 내려가자. 빨리 내려가자. 조심조심."

이미 온 다리와 팔은 모기한테 다 뜯겨 여기저기 불룩불룩 살이 부풀어 올랐어요. 초록샘 팔과 다리도 울룩불룩 모기한테 물린 자국이 여러 군데 보였습니다. 우리는 운동장으로 내려와 놀이터에 모였습니다. 그리고 운동장 놀이터 그네에 앉아 글을 썼어요. 여름 가는 소리를 들으려다 모기한테 헌혈만 했어요. 개똥이들이 글을 쓰는 동안 초록샘은 모기 물린 곳에 약을 발라 줍니다.

"미안하다. 선생님이 괜한 일을 벌여서."

벌레 피리

김은해

숲속에서

벌레 피리가 들린다.

호르르 호르르 호르르르르

호루루루루

지휘자는 바람이다.

후우우우웅

우리들은 손님이다.

바람

양시영

휙휙

휘리릭

바람소리

앞에서 뒤에서 옆에서

강해졌다

약해졌다

장난꾸러기 바람

휘이익 휙

휘이익 휘리릭

매미 신호

이승우

매미가 모기가 왔다고 미음 미음 미

자기한테 온다고 맴-

비행기가 쿠웅웅 하면서 가니

매미들이 놀라서 미음 미음 미

신나는 소리 음악회

최율

풀벌레들 찌르찌르
모기는 왱왱왱
매미는 맴-
그때 수탉이 꼬끼오
쇠똥구리가 음악회 시작이라고 외치니
나무는 바람과 춤추고
꽃들은 신나서 박수를 친다.
신나는 소리 음악회

매미

장서진

매미가 잉잉잉 운다.
무엇이 슬퍼서 저리 울까?
사람들이 "성충이네"라고 말하는 걸 듣고
매미가 운다.
아하! 사람들이 매미를 잡아가서 울고 있구나

삼총사 나무

최다은

우리 학교 놀이터에 있는 삼총사 나무
첫째, 둘째, 셋째

첫째는 우리 학교 4분의 1

둘째는 우리 학교 9분의 1

셋째는 우리 학교 12분의 1

나무들끼리 분수 놀이 한다.

거인 우산

박성준

우리 학교 놀이터에 있는 버드나무

거인 우산 같다.

잎은 비닐 나뭇가지는 손잡이

가을이 준
선물

학교 오가는 길가에는 밤나무와 도토리나무가 줄지어 서 있어요. 한창 알밤이 익을 때에는 하루만 지나도 후두둑 떨어진 밤과 도토리가 길가를 가득 채웁니다. 개똥이들은 이 길을 걸으며 밤송이와 도토리깍정이를 주우며 가을이 가져다준 선물로 마음 가득 행복을 채웁니다.

추석이 오기 전부터 알밤이 길가에 떨어지기 시작했어요. 대연이와 석현이는 날마다 같이 학교에 옵니다. 걸어오면서 밤송이를 발로 걷어차기도 하고 사람들이 밤을 빼 가고 남은 빈 밤송이 껍질을 발로 까뒤집어 가며 밤이 들었는지 한 번 더 확인을 합니다. 따가운 밤송이 가시에 찔려 아파하다가도 다시 발로 이리저리 굴려서 살짝 벌어진 밤송이를 손으로 벌려 알밤을 꺼냅니다.

대연이와 석현이는 길가에서 주운 알밤을 바지 주머니에 넣습니다. 알밤을 주머니에 넣다 보면 더 많은 알밤을 줍고 싶어집니다. 곧장 학교로 가야 하는데 오로지 밤 주울 생각에 둘은 산 위로 올라가서 풀숲 사이를 뒤적거리고, 길 아래 논에 들어가 나락들 사이를 뒤적거려 밤송이를 들고 나오기도 합니다. 학교에 가야 하는데 알밤 줍기에 정신이 팔려 9시까지 교실에 들어가야 하는 걸 까맣게 잊어요.

가을걷이를 앞둔 질퍽한 논에 들어가서 신발은 흙투성이가 되기도 합니다. 흙투성이가 된 신발과 옷은 눈에 보이지도 않나 봅니다. 알밤으로 두둑한 주머니에 그저 웃음만 날 뿐입니다.

한참을 알밤에 정신을 팔다가 멀리서 울리는 종소리를 듣고서야 둘은 있는 힘을 다해 학교로 뛰어갑니다. 교실 문 앞에 와서 헐떡이는 숨을 가라앉히고 슬그머니 뒷문을 엽니다. 조용히 책을 보던 개똥이들과 눈을 마주칩니다.

"대연아, 석현아, 지각인데?"

"선생님, 아직 아홉 시 안 됐어요. 선생-니-임!"

석현이가 코멘소리를 섞어 말꼬리까지 흘려가며 눈웃음으로 위기를 넘기려 합니다.

"너희! 어디 들렀다 온 거니?"

대연이와 석현이는 초록샘 앞으로 와서 고개를 숙이고 아무 말도 하지 못하고 두 손으로 슬그머니 볼록한 바지 주머니를 가립니다.

"이게 뭐야?"

대연이와 석현이 양쪽 바지 주머니는 터질 듯이 빵빵하니 울룩불룩합니다.

"알밤이요."

석현이가 기어들어 가는 소리로 말합니다.

"알밤 줍느라 이렇게 늦게 온 거야! 그래, 선생님도 학교 오다 보니까 길가에 알밤이 많긴 하더라. 그래도 그렇지, 옷이 이게 뭐니?"

알밤 이야기를 하니 한결 편안해졌는지 대연이가 신나서 말합니다.

"선생님, 알밤 진짜 많죠."

그러면서 바지 양쪽 주머니에 든 알밤을 다 꺼내서 초록샘 책상 위에 내놓습니다. 수업하려고 준비하던 아이들까지 하나둘 일어나 우르르 교실 앞으로 나오더니 대연이와 석현이를 둘러섭니다.

"우와! 알밤 많다. 선생님, 우리 학교 뒤에도 알밤 엄청 많아요. 우리 쉬는 시간에 알밤 주워요!"

대연이와 석현이가 주운 알밤을 보더니 개똥이들은 알밤에 눈이 멉니다. 초록샘도 알밤에 눈이 멉니다.

"그럴까? 알밤 주워 오면 모아서 알밤 삶아 먹으면 좋겠다. 선생님이 냄비 가져다가 삶아 줄게."

또 이렇게 개똥이들 말에 홀딱 넘어갑니다.

"와아!"

개똥이들이 신이 났어요. 수업을 시작하기도 전에 교실은 와르르 알밤 이야기로 웅성거립니다.

"대신 우리가 할 공부는 열심히 해야 알밤을 주울 수 있어. 모두 자기 자리로 돌아가고 대연이랑 석현이도 자리에 앉아 공부할 준비하고."

이렇게 공부를 마치고 중간 놀이 시간이 되었습니다. 종소리가 나기 무섭게 개똥이들은 알밤을 주우러 학교 건물 뒤로 우르르 몰려갔습니다. 그다지 위험하지 않고 평소에도 개똥이들이 놀던 곳이라 조심하라는 당부만 하고 보냈지요. 한 10분쯤 지났을까요? 지한이가 교실 문을 열고 헐레벌떡 숨을 몰아쉬며 뛰어들어 왔습니다. 갑자기 뛰어들어 온 지한이를 보니 걱정이 되었어요.

"지한아! 왜? 무슨 일 있어?"

"아니에요. 선생님, 혹시 바구니 있으면 좀 주세요. 알밤이 너무 많아서 담을 데가 없어요."

개똥이들만 보내 걱정이 되어 교실에서 쓰던 노란 바구니 두 개를 챙기고 혹시 손에 가시가 찔릴 수도 있어 집게와 장갑도 챙겨서 지한이를 따라나섭니다.

알밤이 학교 건물 뒤 땅바닥에 가득합니다. 그런데 저 멀리서 개똥이들 우는 소리가 들립니다. 강희와 대연이가 싸우고 있는 거예요. 강희는 큰 막대기를 들고 울고 대연이는 얼굴이 붉어져 씩씩거려요. 개똥이들한테 무슨 일인지 물었더니 강희와 대연이가 서로 편을 나누어 알밤을 더 많이 줍는 편이 다 가지는 걸로 하자고 했다는 거예요. 강희가 알밤을 더 줍고 싶어 학교 울타리를 뛰어올라 높은 화단에 있는 밤까지 막대기로 후려쳐서 동무들이 그 알밤을 줍고요. 이러니 대연이가 반칙이라고 하며 싸웠나 봐요.

지한이를 따라 나오지 않았으면 큰일 날 뻔했어요. 다행히 강희와 대연이가 서로 마음을 풀었어요.

개똥이들이 주운 알밤을 모두 모았더니 두 바구니가 가득합니다.

"선생님, 산으로 조금만 더 올라가요. 네?"

쉬는 시간이 다 지났는데도 개똥이들은 알밤을 더 줍고 싶어 합니다.

"다음에 올라가자. 그때 가도 알밤이 남아 있을 거야."

"그땐 사람들이 다 주워 가고 없죠."

"그러지 말고 지금 가요. 네? 선생님!"

"안 돼요. 가고 싶다고 함부로 가면 안 되는 거 알잖아. 쉬는 시간에 주운 걸로도 충분해."

개똥이들 얼굴이 시무룩합니다.

"한 달 지나고 산에 가기로 약속했잖아. 그때 가서 알밤 줍자. 선생님
이 알아 둔 곳이 있거든."

이렇게 개똥이들과 약속하고 교실로 돌아왔어요. 개똥이들이 주운
알밤은 백 원짜리 동전만 해요. 하나씩 들고 이로 깨물어 껍질을 깝니
다. 텁텁한 속껍질도 이로 벗겨 냅니다. 집에서는 잘 먹지도 않던 알밤
이지만 자연이 주는 나눔을 그대로 받습니다.

한 달 뒤 찬 서리가 내릴 때 다시 산에 올라갔어요. 산에 올라가니 아
직도 나뭇잎이 울긋불긋해요. 개똥이들은 알밤 숲으로 가자고 했습니
다. 그래서 학교 뒷산 쪽문으로 나가 산속으로 들어갔습니다. 낙엽이
쌓인 넓고 평평한 곳이 나왔어요.

"선생님이 전에 말했던 알밤이 숨은 곳이 바로 여기야. 여기에 도토
리도 많을 거야. 지금부터 우리가 가져온 봉지에 가을이 준 선물을
담아 볼까?"

개똥이들은 춥지도 않은가 봅니다. 찬바람을 뚫고 나뭇잎과 나뭇가
지, 솔방울, 알밤, 도토리를 줍습니다. 가을이 준 선물을 찾아 덤불 속을
헤칩니다. 이렇게 자연은 개똥이들에게 행복을 나누어 주고, 개똥이들
은 가을에게 글로 작품을 만들어 줍니다.

또르르르 도토리

남송현

도토리 주우러

가까이 가면

도토리가 아래로

또르르르

도토리 주우러

가까이 가면

도토리가 아래로

다다다다

바람 쌩쌩 부는데

술래잡기 한다.

도토리

정소윤

도토리들이

낙엽 밑에 숨어서

오들오들 떨고 있어요.

나도

오들오들 떨고 있어요.

'도토리야,

나와 같이

따뜻하게 있자!'

126

살아 있는
모든 것을 사랑해야지!

곤충을 찾아서

우리 학교 뒤는 논과 밭, 산이 바로 이어져 있어요. 날씨가 좋아 개똥이들과 밖에 나가서 곤충을 찾으며 공부하기로 했지요. 네 명씩 다섯 모둠으로 나누어 밭길을 따라 올라가니 논두렁 사이, 밭길 사이가 곤충 천국이에요. 동무들과 힘을 모아 곤충을 잡아 채집통에 넣어 오기로 했어요.

곤충을 잡기 전에 살아 있는 생명을 잡는 일에 대해 찬성과 반대 의견이 나뉘었지만 살아 있는 곤충을 잡아 소중하게 관찰하고 살려 주자고 했답니다. 살아 있는 곤충을 직접 잡아 보는 일은 개똥이들에게 큰 공부가 되었어요. 개똥이들은 가을에 만나는 곤충에 관심이 많아요. 며칠 전에는 곤충을 좋아하는 동무들끼리 작은 다툼도 있었어요. 서로 자기가 잡은 곤충이라고 우기면서 신발주머니 속에 사마귀를 숨겨 두었다고 하더라고요. 살짝 불러서 물었더니 욕심이 생겨서 집에 데려가 키우려고 했답니다.

오늘은 모둠끼리 곤충을 잡으러 갔다. 거기서 운이 좋게 달팽이를 잡았다. 그리고 꽃을 보러 갔다. 식물도감을 들고 다니면서 찾은 꽃은 미국쑥부쟁이, 고마리, 코스모스, 개여뀌, 개망초, 달개비, 주름꽃이었다. 예쁜 꽃도 있고 별로인 꽃도 있었다. 그리고 우리 모둠이 본 곤충은 땅강아지, 개미, 귀뚜라미, 메뚜기, 여치, 노린재, 벌 이렇게 많이 봤다. 또 사마귀, 잠자리 애벌레는 교실에서 선생님과 같이 살펴보았다.
(탁원)

교실에서 잠자리 유충을 보았다. 얼굴은 사마귀인데 몸은 올챙이처럼 생겨서 신기했다. 그다음엔 사마귀를 봤는데 사마귀의 귀는 배에 있다고 했다. 기다란 배 가운데 귀가 있다니 신기하다. (이승우)

길고양이를 데려왔어요

학교 가는 길 옆 산등성이 아래에 개똥이들이 모여 섰습니다. 무슨 일인가 싶어 뛰어가 보니 태현이가 길고양이 새끼 두 마리를 손에 들고 있어요.

"태현아, 고양이는 왜 데려온 거야?"

"학교 오다 보니까 새끼 고양이가 저 옆에 있길래 다칠 것 같았어요. 차도 다니고 위험하잖아요. 선생님 어떻게 하죠?"

요즘 과학 시간에 동물 공부를 하다 보니 우리 둘레에서 볼 수 있는 동물한테도 관심이 많아졌어요. 태현이가 길 잃은 고양이들이 불쌍했나 봅니다. 고민이 많이 되었어요.

"선생님은 잘 모르겠는데……. 어쩌지?"

고개를 갸우뚱거리며 그 자리에서 비켜섰어요. 개똥이들한테 생각할 시간을 주었고 개똥이들이 결정하는 대로 지켜보기로 했어요.

결국 태현이는 교실로 고양이를 데려왔습니다. 고양이를 데려오니 교실도 난리가 났습니다. 다사랑반 개똥이들도 개똥이들이지만 옆 반 개똥이들까지 우리 반 교실 복도에 서서 웅성거립니다.

옆 반 개똥이들을 자기 교실로 돌려보내고 다사랑반 개똥이들도 자리에 앉게 했습니다. 개똥이들은 고양이를 어떻게 할지 비상 학급회의를 열자고 합니다. 그래서 한 시간 뒤에 학급회의를 하자고 했어요.

일단 고양이들 둘 곳을 찾았어요. 고양이를 안고 수업할 수 없으니까요. 우유 상자에서 우유를 빼고 고양이를 넣었어요. 혹시나 위로 뛰어넘어 나올까 봐 납작한 판자를 구해 덮었지요. 한 시간은 잘 있겠지 하고 수업을 했어요. 그런데 칠판에 글을 쓰는데 갑자기 다리에 뭔가가 달라붙어 묵직한 것이 올라오는 느낌이 드는 거예요.

"선생님! 고양이가 선생님 다리 타고 올라가요."

"악!"

얼마나 놀랐는지 소리를 질렀습니다. 초록샘이 개똥이들 앞에서 고양이 때문에 겁을 먹고 소리를 지르니 교실은 한바탕 아수라장이 되었습니다.

"선생님이 흰색이랑 검정색 옷을 입어서 고양이가 엄마로 생각하나 봐요."

"얘들아! 선생님 고양이 너무 무서워."

스타킹을 신은 다리에 달랑달랑 매달린 고양이를 겨우 내려놓고 태현이한테 부탁했습니다.

"태현아, 그냥 고양이가 원래 있던 자리로 되돌려 주자."

"안 돼요. 다음 시간에 회의하기로 했잖아요."

아침에 그냥 그 자리에 두고 오도록 할걸. 아무 말도 하지 않고 학교로 왔더니 일은 더 꼬여 버렸습니다.

"선생님, 고양이가 길을 잃었는데 그냥 두고 올 수 없잖아요. 그래서 데려왔어요."

"생명은 소중하다고 우리가 배웠잖아요. 그러니까 함부로 버려진 고양이를 우리가 키워야 한다고 생각해요. 밥도 먹어야 하고 잠도 자야 하는데 어떻게 새끼 고양이를 그냥 둘 수가 있어요."

생각이 야무진 현재가 한마디합니다. 이렇게 자연스레 개똥이들은 고양이를 어떻게 할지 자기 생각을 말했어요. 하지만 연희는 생각이 달랐어요.

"선생님! 고양이 엄마가 기다리고 있을 수도 있잖아요. 사람들이 불쌍하다고 생각하는 거지, 고양이는 혼자서도 잘 살 수 있을 거예요. 우리 집 근처에도 혼자서 살아가는 고양이들이 많은데요, 동네 사람들이 밥을 주면 스스로 잘 자라던데요. 일부러 학교에서 키울 필요가 없다고 생각해요. 고양이도 자유롭게 자라야죠. 가두어 키우면 스스로 자랄 수 있는 힘이 없어져요. 또 저는 알레르기가 심해요. 동물 털이 교실에 날리면 더 힘들어진다구요."

"저도 태현이가 엄마가 있는지 없는지 정확하게 확인을 하지 않고 고양이를 데려왔다고 생각해요. 그리고 우리가 고양이랑 한 시간 함께 공부하는데도 집중을 할 수가 없잖아요. 교실 안에서 고양이는 절대 키울 수가 없어요. 또 다른 반 아이들도 고양이가 궁금해서 찾아

오면 우리 교실이 동물원이 될 것 같아요."

가은이도 자기 생각을 드러냅니다.

개똥이들 이야기가 계속되어 꼬리가 이어지기만 해서 마무리를 지어야겠다 싶었어요.

"얘들아, 그럼 우리 이번 결정은 다수결로 해도 되겠니? 많은 사람들이 생각하는 대로 결정하자."

개똥이들은 동의를 했어요.

생각할 시간을 20초 주고 결정을 내렸어요. 개똥이들은 깊이 생각을 하고 손을 듭니다. 20명 가운데 18명이 고양이들을 원래 있던 자리로 돌려보내자고 했습니다. 고양이를 데려왔던 태현이는 학교를 마치고 고양이를 안고 산등성이로 다시 가서 원래 자리에 두었습니다.

오늘 태현이가 고양이를 학교에 데리고 왔다. 학급회의를 하는데 나는 뒷산에서 고양이가 크는 게 더 좋다. 우유 통에 넣어 가뒀는데 계속 기어 나온다. 우유 손잡이 구멍으로 나올 만큼 작다. 엄마가 보고 싶은가 보다. 수업할 때는 기어 나와서 교실을 돌아다니며 "야옹 야옹 야옹" 거린다. 엄마를 찾는다. 사실 나도 알레르기가 심해서 교실에서 키운다는 것은 반대다. 우리가 회의하고 나서 고양이를 뒷산으로 돌려보내기로 했다. 아직 어린데 혼자 살 수 있을지 걱정된다. (김연희)

일등도 꼴찌도
없는 운동회

"덩덩 덩따쿵따 더더덩 덩따쿵따."

학교 울타리 밖에서 신명 나는 소리가 들려옵니다. 장구, 징, 북, 꽹과리, 태평소 소리가 어울려 운동장으로 힘차게 들어옵니다. 옛날에는 마을에 큰 행사가 있을 때마다 농악대가 길을 열었다고 하지요. 우리 마을에도 큰 잔치가 있어요. 바로 학교에서 열리는 가을 운동회입니다. 동네 농악대가 가을 운동회 여는 마당 연습을 하고 있습니다.

비가 온다는 소식 때문에 잠을 설쳤는데 다행히 날씨가 좋습니다. 파란 하늘 맑은 햇살 아래 펄럭이는 만국기가 운동회를 기다립니다. 운동장에 미리 그어 놓은 하얀 선이 이슬에 촉촉하게 젖어 또렷하게 보입니다. 운동장 사이사이에는 '둔대초등학교' 이름이 박힌 파란 천막이 펼쳐져 있습니다.

아침 일찍 아버지회에서 운동회 준비를 돕고 있어요. 초록샘은 이번 운동회 전체 진행을 맡았습니다. 그래서 일찍감치 집을 나섰는데 부지런한 아버지들은 더 일찍 나와 있습니다. 우리 학교 운동회는 부모님들이 함께 참여하는 운동회예요. 그래서 개똥이들만큼 부모님들도 운동회를 기다립니다.

준비는 거의 다 되었습니다. 이제 개똥이들을 맞이하러 교실로 달려 갑니다.

"선생님! 왜 이렇게 늦게 들어와요?"

"선생님이 안 와서 운동회 못 하는 줄 알았잖아요!"

"아, 미안 미안. 선생님이 운동장에 있는 거 못 봤구나! 다른 반 선생님들하고 같이 준비하고 있었는데 말이야!"

개똥이들은 벌써 흥분된 마음입니다.

"자, 우리 자리에 앉아 보자. 오늘 운동회가 어떻게 진행되는지 알려 줄게. 오늘은 '놀이마당'과 '달리기마당', '대동마당'이 펼쳐질 거야. 그리고 아버지회에서 뻥튀기랑 '엿장수마당'을 준비하셨다니까 같이 참여하면 될 거야. 그럼 운동장으로 나가자."

개똥이들과 신나는 마음으로 운동장에 나갔어요. 운동회 시작 전에 동네 농악대 할아버지들과 6학년 형들이 함께 사물놀이 공연을 하고 있어서 더 신이 났어요. 운동회 시작도 하지 않았는데 벌써 가슴이 뛰어요. 북소리와 꽹과리 소리, 징 소리, 장구 소리도 심장을 울립니다.

공연이 끝났습니다. 개똥이들은 초록샘 신호에 따라 운동장에 두 줄로 섰어요.

교장 선생님은 다치지 말고 신나게 다른 동무들과 어울려 운동회를 즐기라고 말하고 학생대표와 함께 선서를 했어요. 오른손을 따라서 올리며 운동회 선서를 마치고 우리는 다 같이 새천년 건강 체조를 시작했습니다. 새천년 건강 체조는 태권도 동작과 비슷해서 더 재미있어요.

손날치기 동작을 할 때는 모두가 마음을 모아 '둔대초' 하고 외쳤어요. 시키지도 않았는데 모두 재미있는지 웃으면서 합니다. 몸풀기 체조를 하고 나니 몸이 깨어납니다. 커다란 징 소리와 함께 운동회 놀이마당이 시작됩니다.

우리 반 개똥이들은 한 모둠에 여섯 명씩 네 모둠으로 나눴습니다. 모둠장은 놀이마당 목걸이를 걸고 모둠 동무들과 같이 놀이마당을 자유롭게 돌아다닙니다. 놀이마당 하나씩 마치면 우리 반 자리에 앉아 기다리면 됩니다.

"이제부터 자유롭게 돌아다니면서 한 시간 삼십 분 동안 놀면 되는 거야! 그리고 놀이하다가 뻥튀기 만드는 데 가서 뻥튀기도 먹고 엿 장수 아저씨한테 가서 엿도 얻어먹고 와."

초록샘은 전래놀이 가운데 달팽이집놀이와 8자놀이를 맡았습니다. 도와주는 어머니와 같이 진행을 합니다. 달팽이집놀이는 운동장에서 개똥이들과 자주 하는 놀이인데 개똥이들은 오늘따라 더 재미나게 놉니다. 두 편으로 나눠서는 달팽이를 돌고 만나서 가위바위보를 하고 또 달리고 이렇게 신나게 땀을 흘립니다.

초록샘 옆에서는 줄넘기를 합니다. 아버지들이 긴 줄을 돌립니다. 팔이 많이 아플 것 같은데도 얼굴에는 웃음이 가득합니다.

"자, 한 번 더 넘어 보자. 하나, 둘, 셋, 넷, 다섯, 여섯, 일곱, 여덟……. 아, 아깝다!"

개똥이들이 줄에 걸릴 때마다 아쉬워 소리를 지릅니다.

1학년 동생들은 물총도 쏘고 비눗방울도 만들고 공도 던지면서 운동장을 누빕니다. 3학년 개똥이들은 땅바닥에 앉아서 구슬과 딱지를 치느라 정신이 없습니다. 6학년들은 이리저리 꼬아 놓은 긴 줄이 몸에 닿지 않게 통과해야 합니다. 또 커다란 고쟁이 바지에다 공을 한껏 담느라 손발이 바쁩니다. 벌써 1시간 30분이 지났네요. 놀이마당을 마친 개똥이들이 자리에 앉기 시작합니다.

징 소리와 함께 놀이마당을 마무리합니다. 우리는 그늘에 잠깐 앉았습니다. 개똥이들 얼굴은 땀범벅입니다.

"선생님, 이거요."

동현이는 놀이마당 하다 받은 엿을 건넵니다. 힘들었는데 달달한 엿을 먹으니 기분이 좋아집니다.

"이제 달리기하러 가자."

"선생님, 다리에 힘이 없어요. 저 달리기 빠지고 싶어요."

서윤이는 달리기가 싫다고 합니다.

"왜?"

"저, 꼴찌 할 것 같아요."

"괜찮아. 우리 달리기는 일등도 꼴찌도 없어. 끝까지 뛰면 모두한테 선물도 줘."

"손에다가 숫자 도장 찍잖아요?"

"아니야, 안 찍을 거야. 걱정하지 마."

서윤이를 보니 어릴 적 제 모습이 떠올랐습니다. 초록샘도 운동회 때마다 늘 달리기 꼴찌였거든요. 서윤이를 달래서 다 같이 달리기를 하러 갑니다.

우리 반 우진이는 도움이 필요한 동무입니다. 민재는 도움반 선생님과 같이 우진이 손을 꼭 잡고 달립니다. 운동회 때마다 하는 달리기지만 우진이가 개똥이들과 달리는 모습을 보고 마음 가득 감동을 받습니다.

놀이마당과 달리기마당을 마치고 밥을 먹습니다. 개똥이들은 교실에서 급식을 먹고 부모님들은 커다란 양푼에 나물을 넣고 고추장도 넣어 비벼 먹습니다. 꿀맛입니다.

우리 운동회는 줄을 잘 서지 않아서 좋았습니다. 한없이 기다리다가 지쳐서 먼지 이는 운동장 바닥에 그림만 그리다 끝나지 않아서 좋았습니다. 선생님, 학부모가 학생들과 함께하는 운동회라 좋았습니다. 그냥 하고 싶은 대로 하는, 일등도 꼴찌도 없는 그런 운동회입니다. 신나게 땀 흘리고 하나되는 자리입니다.

오후에는 운동회의 꽃 이어달리기와 강강술래가 이어집니다.

"청군 이겨라!"

"백군 이겨라!"

운동장이 떠나갈 듯한 청백 응원전이 펼쳐지지요. 청군 백군을 떠나온 마음으로 응원하고 마을 어른들이 하나가 되어 춤도 추고 뜀박질도 합니다. 이어달리기를 마치고 온 마을 사람들과 크고 작은 원을 만들어 북장단에 맞춰 돌고 돌며 강강술래도 합니다. 모두 손을 잡고 노래를 같이 부릅니다. 얼굴 가득 운동장 가득 웃음꽃이 활짝 하늘 위로 피어오릅니다.

토요일 아침
산에 올라요

한 주를 마무리하는 금요일입니다. 금요일 오후 수업을 마칠 때는 마음이 시원하고 개운합니다. 그런데 오늘은 어딘가 허전합니다. 개똥이들은 집에 갈 준비가 다 되었어요. 다들 야무지게 가방을 싸고, 집에 가려고 하는데 초록샘은 고개를 갸우뚱갸우뚱합니다. 하고 싶은 말이 있는 것처럼 계속 칠판 앞을 왔다 갔다 합니다.

"선생님, 왜 그러세요? 빨리 마쳐 주세요. 동무들이 기다린단 말이에요."

교실 앞을 왔다 갔다 개똥이들 눈치를 보다가 말문을 열었어요.

"그래그래, 알았어. 저기 저……. 있잖아. 선생님이랑 내일 아침에 산에 갈래?"

목에 힘을 주어 겨우 말을 내뱉었어요. 토요일에 산에 갈 사람이 있을까? 늘어지게 늦잠도 자고 게임도 해야 할 텐데, 누가 올까? 걱정을 안고 물었어요. 개똥이들이 잠깐 눈치를 보더니 보미가 묻습니다.

"선생님, 몇 시에 갈 건데요?"

"아침 일곱 시쯤 갈까 하는데, 아직 정확하진 않아."

"전 갈 수 있을 거 같아요. 집에 있어도 할 일이 없거든요."

"선생님, 동생 데리고 가도 돼요?"

이안이는 일곱 살 동생을 데리고 가고 싶다고 합니다.

"그래, 괜찮아. 엄마한테 허락받고 가면 될 것 같아."

몇몇 동무들이 간다고 하니 갈까 말까 고민을 하는 것 같았어요.

"그럼, 같이 가고 싶은 사람?"

열 명쯤 손을 들었습니다. 그래도 다행입니다. 한 명도 없을까 봐 걱정했는데 열 명이나 같이 간다고 하니 말이에요.

"그래, 그럼 선생님이 부모님들께 문자 보내 볼게."

산에 같이 오르고 싶은 개똥이들을 모으니, '개똥이들만 데리고 가지 말고 부모님도 같이 가면 어떨까?' 하는 생각이 들어요.

"우리 마치는 인사 하고 집에 가자. 내일 아침 일곱 시에 도서관 앞에 서 만나자. 준비물은 서로 나눠 먹을 도시락이야."

개똥이들과 헤어지고 바로 산에 오를 계획을 세웁니다. 개똥이들이 모두 함께하는 게 아니라 희망자만 하는 거라 해도 계획을 세워 학교에도 말을 해 놓는 게 안전하겠다는 생각을 했지요. 다행히 아침 산행을 할 수 있게 되었습니다.

먼저 학부모들한테 문자를 보냈습니다.

다사랑반 학부모님!

안녕하세요? 초록샘입니다. 다름이 아니라 내일 토요일 아침 우리 개똥이들이랑 수리산을 오르려고 합니다. 아침 일찍 일어나 동무들과 산에 올라 아침밥도 나뉘 먹으며 재미나게 놀다가 오려고 해요.

오늘 개똥이들에게 같이 가고 싶은지 물어보긴 했지만 부모님께서 허락을 해 주셔야 제가 데리고 갈 수 있을 것 같아요. 개똥이들한테 한 번 더 물어봐 주고 허락하신다면 제게 답장해 주세요.

- 어디서 : 대야도서관 앞

- 언제 : 아침 7시에 늦지 않게 옵니다.

- 가져올 것 : 편한 옷, 운동화, 아침에 나눠 먹을 밥, 빵, 과일

10분쯤 지나자 답장이 옵니다. 생각보다 신청자가 많아요.

'어쩌지, 혼자서 다 데리고 가기가 힘들 것 같은데……'

그런데 도영이 엄마 답장에 마음이 놓였어요.

'선생님, 도영이도 갑니다. 그런데요, 저도 같이 가도 될까요?'

부모님들도 같이 가면 좋겠다 싶었는데 도영 엄마가 이렇게 문자를 보내 와서 더 고마웠습니다.

'좋지요. 도영 어머니, 환영합니다.'

그리고 다시 부모님들께 문자를 보냈어요.

'함께 산에 가실 어머니 아버지도 환영합니다. 같이 산에 올라요.'

급하게 계획한 토요일 산행은 부모님들도 함께하게 되었습니다.

토요일 아침이 밝았습니다. 체육복을 입고 모자도 씁니다. 호루라기도 목에 겁니다. 시계를 보니 벌써 7시가 되었어요. 모이기로 한 도서관은 사는 집 바로 앞이라 5분 만에 뛰어갔습니다. 하도 바쁘게 뛰어가서 숨이 헐떡거립니다. 도서관 앞에 다다라 모인 사람들을 보고 깜짝 놀랐어요. 모두 스물이 넘어요. 성호네는 외할머니, 외할아버지, 엄마까지

넷, 서준이네는 엄마와 동생까지 셋, 민성이는 아빠랑, 서연이와 도영이
는 엄마랑 왔어요.

이렇게 다사랑반 토요일 아침 산행이 시작되었습니다.

"오늘 산행은 감투봉까지 올라갈 거예요. 올라가는 중간에 재미난 놀
이도 해요."

우리는 웃으면서 출발했습니다. 그런데 올라가는 시작부터 만만치
가 않네요. 가파른 언덕이 나옵니다. 거센 숨을 내쉬며 오릅니다.

"부모님들은 그림자가 되어 주세요. 개똥이들이 스스로 잘 오를 수
있도록 살펴봐 주면 됩니다."

어리광도 부릴 법한 성호는 식구들 앞이라 그런지 당당하게 언덕길
을 올라갑니다. 5분쯤 올라갔더니 평평한 산길이 나왔어요. 온몸이 땀
범벅이지만 산바람이 마음속까지 시원하게 해 줍니다.

"선생님, 이리 와 보세요. 산딸기 천국이에요."

우르르 몰려갑니다. 빨갛게 익은 산딸기들이 빼곡해요. 모두들 빨간
알맹이 톡톡 터지는 산딸기를 따서 입속에 넣어 오물거립니다.

그 옆에선 나무 타기에 도전한 개똥이도 보입니다. 남학생들이 줄줄
이 나무 타기를 합니다.

감투봉 꼭대기까지 가려면 아직 멀었습니다. 가파른 길도 나오고 평
평한 길도 나올 거예요. 또 중간중간 산이 우리에게 주는 소중한 선물
도 있겠지요. 급하게 토요일 아침 산에 오르자고 했지만, 감투봉 꼭대기
에 올라 아침밥을 펼쳐 놓고 마음을 나눌 생각에 힘을 내어 걷습니다.

토요일 아침 편하게 산에 오르는 모임을 꾸준히 하고 싶습니다. 단
한 명이라도 함께하자고 말해 주겠지요.

개똥이들과
한가위 맞이

"선생님, 여기 좀 보세요. 물방울이 엄청 많아요. 왜 갑자기 이렇게 물방울들이 많아진 거예요?"

학교 가는 길 풀잎에 맺힌 이슬을 본 개똥이들은 환하게 웃으며 호기심을 보입니다.

"근데 물방울은 왜 생겨요?"

옆에서 같이 학교에 가던 소윤이가 묻습니다.

"소윤아, 공기 속에는 물이 있을까, 없을까?"

"눈에 보이지 않는 물이 있겠죠."

소윤이가 곰곰이 생각하고 말합니다.

"그래, 물이 아주 작은 알갱이로 되어 있어서 눈에 보이지 않아. 눈에 보이지 않는 물알갱이를 수증기라고 하고 기체 상태라고 하지. 이렇게 작은 물알갱이로 있다가 요즘처럼 밤에 기온이 내려가면 기체였던 수증기가 풀잎이나 나뭇잎에 맺혀서 물방울을 만들어 내지."

개똥이들은 학교 오가는 길에 아침저녁으로 차가워진 공기가 만들어 낸 작은 자연 변화 하나도 놓치지 않습니다. 높고 맑은 가을 하늘과 따가운 햇살, 시원한 바람에 신이 납니다. 맑은 가을날이 이어지고 기온도 알맞아서 학교 둘레 논밭 곡식도 덩달아 기분이 좋아 보입니다. 올여름 태풍도 큰 탈 없이 지나갔으니 알곡도 야무지게 차 있고요.

이렇게 좋은 가을날에는 가을걷이를 고맙게 여기는 추석 명절을 잊지 않았으면 해요. 그런 마음으로 개똥이들과 함께 한가위를 나누고 싶어집니다. 그래서 추석을 맞이하는 한 주 전이면 한가위 맞이 행사들을 수업으로 펼칩니다.

개똥이들과 한복 입고 하루 지내기, 송편 만들기, 강강술래, 민속놀이 마당 활동을 해 보기로 했습니다. 공부 시간에 조상들이 살아가던 모습을 한가위와 연결해서 배우지요. 하루에 한 가지씩 해 보기로 했습니다.

"내일 한복 입고 오는 날인데 혹시 한복 없는 개똥이 있니?"

"선생님, 저는 키가 너무 많이 커서 한복이 작아요."

지난해보다 불쑥 커 버린 개똥이들이라 크기가 맞지 않거나 아예 한복이 없는 개똥이들이 많았어요. 어떻게 할까 고민하다가 옆 반과 날을 다르게 해서 서로 빌려 입기로 했답니다. 한복이 없거나 작아서 생긴 고민은 해결되었어요.

다음 날, 개똥이들은 댕기 머리를 하고 점잖게 걸으며 사뿐사뿐 아침 일찍 교문을 들어옵니다. 알록달록한 색동 한복을 입고 학교에서 하루 종일 지낸다니 괜히 기분이 으쓱한가 봅니다. 옆에 함께 걸어오던 언니 오빠들이 말 한마디라도 걸어 주길 바라는 눈빛이에요. 학교 앞에서 아침맞이를 하는 교장 선생님께도 우렁차게 인사합니다. 그런데 교실 앞 여기저기서 씩씩대며 투덜거리는 소리가 들려옵니다.

"선생님, 치마 입고 계단 올라오기가 너무 힘들어요. 치마가 걸려서 계단에서 넘어질 것 같아요. 에이, 불편해!"

"치마를 들고 천천히 올라오면 되지. 왜 이렇게 화가 많이 났어?"

"말로는 쉬운데 계단 오르는 게 얼마나 힘들고 귀찮은 줄 아세요?"

초록샘은 바지로 된 개량 한복을 자주 입고 다녀서 덜 불편합니다. 그러니 개똥이들이 이런 말을 할 만도 합니다.

"옛날에 한복 입고 살았던 사람들은 참 대단해요. 이렇게 불편한데 어떻게 참았을까요? 어휴."

고개를 내젓는 지민이가 가방을 내려놓으며 힘들어합니다.

한복을 입고 오전 수업을 겨우겨우 마치니 급식 시간입니다. 평소에 입지 않던 옷을 입고 하루를 지내 보니 신경 쓸 일도 많습니다. 배도 더 빨리 고파지고요. 급식 당번인 개똥이들이 급식 먹을 준비를 합니다. 반나절 한복 입고 적응이 되었는지 배식도 곧잘 합니다.

그런데 이를 어쩌나요? 하나같이 둥근 옷소매가 국물에 풍덩풍덩 빠집니다. 옷소매가 국물에 젖는 줄도 모르고 입으로 밥은 잘도 들어가네요. 한복을 자주 입지 않으니 우리 옷인데도 불편합니다.

"선생님, 우리 한복은 멋은 있는데 불편해요. 이렇게 불편한데 한복을 어떻게 입겠어요. 모두가 편하게 입을 수 있으면 좋겠어요. 제가 편한 한복을 만들어 봐야겠어요."

이렇게 말하는 가은이 마음이 참 곱네요. 이런 마음들로 우리 것을 지켜 나갈 수 있을 테니까요.

둘째 날, 우리는 송편을 만들기로 했습니다. 요즘은 한가위라도 집에서 송편을 만들어 먹지 않으니 학교에서라도 송편을 만들어 먹어야 할 것 같아 해마다 학교에서 만들어 봅니다. 송편은 햅쌀로 익반죽한 반죽에 소를 넣어 만들어요. 소는 깨소금으로 준비합니다.

학교에서 개똥이들과 송편을 만들라치면 준비할 게 많아요. 어른들 도움 없이 불에 송편을 찌는 것이 위험하기도 하고요. 그래서 이번엔 떡 방앗간에 미리 떡 반죽을 주문해서 개똥이들과 송편을 만들었지요. 모둠마다 나눠 준 떡 반죽을 또 한 사람 한 사람 나누어 가진 다음 만들고 싶은 모양으로 만들고 소도 넣었어요. 너무 손에 달라붙기에 참기름을 손에 바르고 만들었더니 붙지도 않았어요. 참기름 냄새가 교실에 가득하니 입에 군침이 고입니다.

"선생님, 저 하나만 먹어 봐도 돼요? 먹고 싶어서 침이 계속 넘어가서 안 되겠어요."

집에서 챙겨 온 통에 만든 송편을 잘 넣으라고 했더니 참다 참다 혜성이가 말을 꺼냅니다.

"그래, 옆구리 터진 송편은 하나 먹어도 되겠다."

이 말이 끝나기가 무섭게 만들던 송편을 입속에 하나씩 다 집어넣습니다. 먹고 싶은 마음을 참느라 얼마나 힘들었을까요?

그런데 혜성이는 정말 맛있는지 통에 가득했던 송편을 반이나 먹어 버렸어요.

"혜성아, 집에서 엄마 아빠랑 함께 나눠 먹기로 했는데 다 먹으면 어떻게 해?"

"선생님, 우리 엄마 아빠는 두 개씩만 드셔도 좋아하셔요."

혜성이는 입술 옆에 깨소금을 잔뜩 묻히고 웃습니다. 그래요, 이러면서 개똥이들도 부모님 생각하는 마음을 키우겠죠?

개똥이들이 만든 송편을 담은 통에 이렇게 작은 글을 붙여 줍니다.

> 개똥이들이 옹기종기 모여 만든 사랑스런 송편이에요. 만들다가 한두 개 맛을
> 봐서 양이 많지는 않아요. 엄마에게 해님 하나, 아빠에게 달님 하나, 언니에게
> 별님 하나, 동생에게 사랑 듬뿍. 정성껏 만든 송편으로 식구들과 행복한 시간
> 보내세요. _초록샘

"이제 운동장으로 나가요. 강강술래도 하고 투호놀이도 하고, 비사도
치고요."

모두들 운동장에서 둥글게 손을 잡고 강강술래를 해 봅니다. 운동회
날 해 본 강강술래라서 더 신나게 잘 따라합니다.

"남생아 놀아라, 촐래촐래가 잘 논다. 어화, 색이 저 색이. 곡우 남생
놀아라. 익사 적사 소사리가 내론다. 청주 뜨자 아랑주 뜨자, 철나무
초야 내 젓가락 나무 접시 쿠갱캥."

처음엔 노랫말도 모르더니 나중엔 몸동작과 함께 어찌나 잘 놀던
지……. 뒤이어 투호놀이, 비사치기도 재미나게 합니다.

"선생님, 만날 한가위면 좋겠어요!"

요즘은 한가위에 식구들이 모여도 예전 같지 않아요. 개똥이들이 어
른이 되었을 때 추석은 어떤 모습일까요? 아마 지금보다 더 많이 달라
지겠죠. 우리가 지켜 온 소중한 것을 잊지 않고 잘 이어 가길 바라며 개
똥이들과 한가위를 맞이하고 마무리합니다.

몸으로 배우고
나누는 공부

알록달록 단풍잎이 가득한 때에 개똥이들은 긴 작대기를 들고 학교 뒷산 도토리와 알밤을 주우러 다녔어요. 그러던 개똥이들도 이젠 추운지 교실에서 보내는 시간이 많아졌어요. 쉬는 시간이면 운동장과 풀밭을 돌아다니기 바빴지만 요즘은 사회 시간에 배운 '옛날과 오늘날' 놀이를 하며 놀아요. 그러니 교실에 있어도 전혀 심심하지 않아요. 책으로 배우며 외워야 할 것들은 잘 놓치는 개똥이들이지만, 몸으로 배운 공부와 놀이만은 잊지 않고서 함께 어울려 놀아요. 이렇게 잘 노는 개똥이들한테 제가 더 배워야겠어요.

한복과 실뜨기

사회 시간에 '옛날과 오늘날의 생활 모습'을 공부했어요. 옛날과 오늘날 입을거리, 먹을거리와 살았던 집, 놀이 들을 살펴보는 공부지요.

전통 예절 공부를 하려고 집에서부터 한복을 입고 와서 하루 종일 학교에서 지내 보기로 했어요. 한복을 입고 절을 하고 녹차를 마시며 다

식도 만들었지요. 처음에는 재미있을 줄 알았는데 시간이 지나면서 여기저기 "어휴" 한숨 소리가 터져 나와요. 한복 차림으로 큰절을 하니 얼마나 힘들었겠어요. 온몸에 힘이 들어가고 긴장을 많이 한 거예요. 허리를 펴고 바르게 앉아서 차를 마시며 함께 마실 찻잔을 옆으로 옮기는데 갑자기 어디선가 '뿡' 하는 소리가 들려요. 참고 참던 방귀가 나오고 만 거지요. 가만히 앉아만 있는 게 힘들어서 긴장했나 봐요. 개똥이들 웃음소리가 교실에 쫙 퍼졌어요. 방귀 소리 주인이 누구인지는 아무도 궁금해하지 않았어요. 왜냐구요? 웃다 웃다 배꼽만 잡았거든요.

개똥이들이 즐길 수 있는 놀거리를 교실에 한두 가지씩 놓아둡니다. 먼저 고무줄로 여러 모양을 만들어 보는 놀이를 했어요. 손가락에 고무줄을 끼워 별, 쌍별, 탑을 만들어 보입니다. 놀이를 할 때는 개똥이들이 선생이 됩니다. 초록샘도 개똥이들에게 배웁니다. 두 명이 짝이 되어서로 잘 모르는 것을 가르쳐 주며 개똥이들은 금세 놀이에 빠져듭니다. 그다음에는 실뜨기 실을 몇 가닥 칠판에 걸어 둡니다. 실뜨기 책도 같이요. 개똥이들이 관심을 가지더니 혼자서 여러 모양들을 만들어 내고 동무들을 가르칩니다.

햇빛이 따스해서 운동장으로 나간 개똥이들은 작은 돌멩이를 찾아 동무들과 땅따먹기를 합니다. 개똥이들은 아주 작은 것 하나로도 웃음을 만들어 냅니다. 몸에 익숙하지 않은 우리 것을 익히기는 힘들지만 몸으로 배우고 나누는 공부라 시간 가는 줄 모릅니다.

오늘 전통 예절을 배웠다. 처음에 눈을 감고 마음을 다스리는 음악을 들을 때는 한복 때문에 불편했다. 그런데 점점 마음이 편안해졌다.

한복을 벗고 침대에 푹신푹신한 이불을 깔고 뛰어들고 싶었다. 또 조금 앉아 있으니 엉덩이가 계속 따끔거렸다. 정말 지옥 같은 시간이었다. 나처럼 힘든 사람이 있었다. 누군가 방귀를 뿡 하고 뀌었다. 애들이 다 웃었다. 나도 덩달아 웃었다. 웃음이 끊임없이 나왔다. (최다은)

나무랑 이야기 나누어요

나뭇잎이 물들어 뒷산은 온통 울긋불긋합니다. 학교 가는 길 아래 논에는 가을걷이가 끝나 짚단 뭉치가 여기저기 흩어져 있어요. 개똥이들과 바스락바스락 나뭇잎 소리를 들으며 숲길 걷기에 좋아요. 모두들 학교 옆 숲으로 나갔어요.

"우리 아무 말도 하지 않고 걸어 볼까? 발을 내디딜 때마다 들리는 소리를 잘 들어 봐. 나뭇잎들이 뭐라고 하는지."

개똥이들과 낙엽이 쌓인 길을 한참 소리 없이 걸어요. 개똥이들이 생각한 보물을 여기저기서 찾아 모읍니다. 도토리, 빨간 열매, 나뭇가지, 솔방울 따위를 종이봉투에 구겨지지 않게 담아요. 개똥이들한테 보물은 거창한 게 아닙니다. 이렇게 보물을 찾으며 호숫가를 돌아 학교로 와서 보물 꾸미기를 합니다.

친구들과 선생님과 숲 체험을 갔다. (줄임) 조금 더 걸어가다 보니 갈치호수가 보였다. 높은 곳에서 호수를 보이는 곳에서 잠시 섰다. 선생님이 "얘들아 잠시 여기에 서서 나무에 다가서서 나무랑 이야기 나눠 볼까? 나무가 뭐라고 하는지 잘 들어 봐." 사실 나무가 말을 하나? 우리 선생님은 참 이상하다. 가끔 말 못하는 것이랑 말을 주고받으라고 한다. 그래서 나는 나무에게 먼저 말을 걸었다. "나무야! 난 추워서 오들오들 떠는데 넌 안 춥니?" 하니까 "응. 친구들과 같이 모여 있으니까 춥지 않은걸"이라고 말했다. 가끔 말을 멈추었는데 바람 때문에 그렇다고 했다. 그리고 학교로 돌아와서 '빨간 나뭇잎'이라는 시도 쓰고 액자도 만들었다. 날씨가 추워서 손이 시렸지만 멋진 액자를 만들어서 기분이 좋았다. (김태은)

몸으로 만든 연극 '정신없는 도깨비' 이야기

2학기에 들어서서 개똥이들은 연극 시간을 기다립니다. 연극은 국어 시간에 공부하는 내용을 재미있게 바꾸어 만들고 있어요.《정신없는 도깨비》(서정오 글, 홍영우 그림, 보리) 이야기를 들려주고 책에 나오는 인물과 이야기로 장면을 만들었어요. 장면에서 주고받는 말은 개똥이들이 만든 말을 그대로 썼어요. 앵무새처럼 정해진 대본을 따라 외우지 않았지요. 연극에 쓸 소품과 무대도 아이들이 직접 만들었어요. 아이들이 주인이 되어 펼치는 '신통방통 정신없는 도깨비' 연극 발표회입니다. 형준이는 몸으로 만든 연극 이야기를 일기에 썼어요. 몸으로 익힌 연극을 아이들은 이야기로도 잘 표현해 냅니다.

옛날 옛적 호랑이가 담배 피고 까막까치 말할 적 깊고 깊은 어느 산속에 도깨비들이 숨어 사는 동굴이 있었어. (줄임) 도깨비들이 모여서 비상 회의를 하고 있어. 무슨 일일까? 도깨비 나라 보물을 모두 도둑맞았나 봐. 도깨비 대왕이 갑자기 특수 도깨비를 불러내고 있어.

사실 특수 도깨비는 우리가 연극을 하려고 만들어 냈어. 특수 도깨비는 해치처럼 도깨비 나라에서 일어나는 나쁜 일을 해결하는 정의의 특공대라고 할 수 있어. 요즘 정신없는 도깨비가 온 마을을 돌아다니며 금은보화를 나눠 주고 있다는 소문이 있고 하는데 특수 도깨비가 그 도깨비를 잡아 오겠다고 도깨비 대왕에게 약속을 했어. 특수 도깨비는 정신없는 도깨비를 잡으러 마을을 돌아다녔어.

한편 정신없는 도깨비는 특수 도깨비가 자신을 찾는다는 것도 모르고 온 마을을 다니며 금은보화를 다 나눠 주고 있었대. 오늘은 부모를 잃고 울고 있는 삼식이를 찾아가서 보물은 던져 주었지. 이 사실은 온 동네에 다 퍼졌고 욕심쟁이 김부자 귀에도 들어갔지 뭐야. (줄임) 김부자가 삼식이를 찾아가서 행패를 부리고 울고 있을 때 정신없는 도깨비가 삼식이 집에 다시 와서 보물을 던져 주었어. 그 보물은 한 번 묶으면 풀리지 않는 줄이었는데 김부자는 그것도 모르고 하인에게 자기 자신을 묶으라고 했지 뭐야. 그런데 그 줄은 한 번 묶이면 영원히 풀 수 없는 줄이어서 평생 묶여 살 수 밖에 없었어.

마침 그때 특수 도깨비는 정신없는 도깨비를 발견했어. 정신없는 도깨비는 그동안 일을 도깨비 대왕에게 말했더니 앞으로 계속 어려운 사람들을 도우며 살라는 도깨비 대왕의 명령을 받았더래. 그래서 지금도 정신없는 도깨비가 우리 학교에도 온다는 소문이 있어. (김형준)

황토방에서
배움을 열다

학교 뒤편에 작은 언덕이 있어요. 이 언덕 옆에는 옛날부터 쓰던 오래된 사택이 있는데요, 요즘엔 학교를 관리해 주는 숙직 기사님이 있지만 옛날엔 학교 선생님들이 이 사택에서 숙직을 했다고 해요. 이런 사택에 몇 년 동안 아무도 들어가지 않다가 네 해 전에 사택을 다시 쓸 수 있도록 만들었어요.

학교 뒤를 다니며 귀신이 나올 것 같다고 말하던 개똥이들은 사택에 가까이 가는 것을 두려워했는데 다시 쓸 수 있게 만든다고 하니 좋아했어요. 게다가 우리 마을에 황토집을 짓는 이름난 장인이 황토 온돌방을 만든다고 하니 개똥이들은 더 기대를 했답니다.

사택에 황토방이 만들어지고 나서 개똥이들부터 시작해서 부모님들, 선생님들도 가 보고 싶어 했어요. 산 밑에 있는 데다가 산 아래에 무덤도 보이니 어두운 밤에는 무서워서 가기를 꺼렸지만 교장 선생님은 가끔 사택에서 주무시기도 했어요. 또 학부모님들이 황토방에 모여 기타도 치고 차 마시는 사랑방 모임도 했답니다.

개똥이들은 황토방에 가 보지 못해 아쉬워했는데 드디어 황토방에서 공부를 할 수 있게 되었어요. 11월 어느 날 3학년 개똥이들이 사회 공부를 할 때였어요.

"우리가 공부하는 주제가 옛날과 오늘날의 생활 모습에 대한 건데 혹시 깊이 알고 싶은 게 있을까?"

"사회 책에 보니까 옛날과 오늘날의 의식주에 대해 나오던데요."

"우리가 공부할 거 미리 본 거니? 우와, 예습도 미리 하고."

"헤헤, 제가 아는 게 좀 나와서요."

평소에 책은 잘 보지도 않던 명균이가 유난히 관심이 많습니다.

3학년 개똥이들과 이 단원을 재미있게 공부하면 좋겠다 싶어 칠판에 크게 '우리 것이 좋은 것이여'라고 썼어요.

"선생님, 우리 것이 왜 좋아요?"

"제목은 바뀔 수 있어. 일단 우리 것이 좋다고 시작하는 거지. 우리가 옛날과 오늘날 생활 모습을 공부하는데 오늘날 생활 모습은 다들 잘 알고 있으니 선생님 생각은 옛날 생활 모습을 깊이 있게 공부하면 좋을 것 같은데."

"옛날 생활 모습 어떤 것을 공부하는 거예요?"

"선생님은 너희들이 직접 찾아보고 생각해 보면 좋겠는데."

"선생님, 모두가 다 똑같이 하면 겹치니까 모둠에서 이야기하며 공부 거리를 나누면 좋겠어요."

"그래, 그거 좋겠네."

개똥이들은 공부할 것을 차근차근 정했어요.

"옛날부터 내려오는 것 중에 우리나라를 대표할 수 있는 것을 주제로 정해 공부해 보는 건 어때? 우리 것이 좋은 것이라고 다른 사람한 테 설명할 수 있으면 더 좋을 것 같아."

"선생님, 이번에도 우리가 책 보고 발표하는 거예요?"

"그래, 책은 도서관에서 너희들이 볼 수 있는 것을 정하고 선생님 도 움이 필요하면 꼭 이야기해 줘."

개똥이들은 1학기에도 주제를 정하고 자기가 공부하고 싶은 것을 책 을 찾아보고 발표했던 기억이 났는지 이번에도 같은 방법으로 하는 것 인지 물어봅니다.

"먼저 너희들이 공부하고 싶은 주제를 정하면 좋겠어. 책을 보고 정 해도 좋고 아니면 책에 없는 것도 좋지."

개똥이들은 모둠에서 저마다 자기 주제를 정했습니다. 그리고 도서 관에 가서 책도 빌려 옵니다. 이렇게 스스로 책을 찾아 기본을 쌓아 갑 니다.

규민이는 8절 도화지에 파란색 유성매직으로 크게 '온돌'이라고 제 목을 삐뚤삐뚤 쓰고 온돌 그림을 그립니다. 온돌을 그리며 설명도 하나 하나 자세하게 씁니다. 색연필로 색칠도 하면서 꾸미기도 합니다. 규민 이는 아직 한 번도 온돌을 직접 본 적이 없다고 합니다.

'난 어떻게 도와줄까?'

곰곰이 생각하다가 학교 뒤 황토방 생각이 났습니다. 쉬는 시간에 교 장실로 갔습니다.

"교장 선생님, 부탁이 있어요. 우리 반 아이들한테 수업 한 시간 부탁 드리려구요."

"무슨 수업이요?"

"황토방 온돌 수업이요. 황토방 장인이 온돌방 만들 때 교장 선생님 께서 직접 참여하셨으니까 아이들한테 설명해 주시면 어떨까요?"

"네, 알겠어요. 재밌겠네요. 준비해 볼게요."

교장 선생님께 급히 부탁드렸는데 흔쾌히 허락해 주어서 얼른 개똥 이들이 있는 교실로 왔어요.

"얘들아, 교장 선생님이 황토방에서 온돌 만들 때 이야기를 해 주신대."

개똥이들은 신나 했습니다.

바로 다음 날 한복을 입고 규민이가 준비한 온돌 발표를 들었어요. 그런 다음 황토방으로 갔어요.

교장 선생님은 우리들을 온돌 아궁이로 데려가서 아궁이에서 불을 때면 불길이 움직이는 방향과 연기가 나가는 방향을 설명해 주었답니 다. 그러고는 아궁이 안에서 무언가를 꺼내시더라구요. 구수하게 냄새 가 나서 무엇인가 했는데 아궁이에 군고구마가 있었습니다. 모두 둘러 앉아 아궁이에서 고구마 꺼내는 구경을 했지요.

"교장 선생님, 고구마 우리 다 먹을 수 있어요?"

"당연히 다 먹을 수 있지. 추우니까 온돌방에 들어가서 이불 덮고 있 어요."

우리는 아궁이 옆을 지나 온돌방에 들어갔어요. 온돌방은 이불이 깔 려 있었고 방은 뜨끈뜨끈했어요. 작디작은 방에 옹기종기 모여 이불을 덮고 앉았어요. 모두가 한복을 입고 앉았지요. 교장 선생님은 큰 쟁반 에 군고구마를 들고 들어왔어요.

"우리 마을에 온돌 만드는 장인이 있어요. 이 황토방은 그분과 우리 학교 아버지 몇 분이 주말마다 함께 만든 거랍니다. 온돌 만드는 과정을 사진으로 찍어 둔 게 있어요."

이렇게 우리는 학교 사택 황토 온돌방이 만들어진 과정을 배웠어요. 규민이가 그림으로 설명해 준 온돌과, 온돌 만드는 과정을 직접 눈으로 보니 공부가 재미있었어요.

우리 학교 뒤에 있는 사택은 작은 황토 온돌방입니다. 이 작은 방에 많은 사람들이 오갑니다. 방에 들어와 앉아 따뜻한 이불을 덮으면 잠이 스르르 옵니다.

"선생님, 맨날맨날 이런 공부만 하고 싶어요."

그래요, 우리가 만들어 가는 공부, 일이 놀이가 되는 공부, 개똥이들이 만들어 가는 공부가 진짜 공부지요. 책으로만 하는 공부보다 훨씬 값진 공부여서 개똥이들한테 더 큰 힘이 생길 것 같아요.

여학생의 날

"선생님……. 흐흑!"

서원이가 웁니다. 키가 크고 마음이 여린 서원이입니다. 쌍꺼풀진 커다란 눈망울에 눈물이 맺히더니 콧잔등으로 흘러 콧물과 섞입니다. 큰 소리로 웁니다. 무슨 영문인지 물어보지도 못하고 안아 주었어요. 등을 토닥거려 주었습니다. 서원이는 한참 울다가 울음을 그치고 크게 한숨을 내쉽니다.

"서원아! 무슨 일 있어?"

"선생님, 저 학교 다니기 싫어요."

3학년, 이제 열 살인 서원이가 학교 다니기 싫다고 합니다. 이 말에 가슴이 쿵 내려앉았어요. 서원이는 학교에서 동무들 마음을 잘 받아 주고 재미나게 지내서 별일 없을 거라 여겼거든요. 그런 서원이가 학교 다니기 싫다니 눈앞이 깜깜해졌어요. 걱정스러운 마음에 물었습니다.

"서원아! 선생님이 도와주고 싶은데……. 무슨 일인지 말해 줄 수 있겠니?"

"선생님, 혜선이랑 저랑 단짝인 거 아시죠?"

"그래, 너 1학년 때부터 혜선이랑 잘 지낸 거 알지."

"옆 반에 주연이가 혜선이한테 저랑 놀지 말고 자기랑만 놀자고 한 것 같아요. 혜선이가 저만 보면 피한단 말이에요. 아침마다 도서관 앞에서 기다려 줘서 학교도 같이 왔는데 이제 기다려 주지도 않아요. 그래서 저 혼자서 다녀요. 집에 갈 때도 혼자서 가고요."

"서원이가 많이 힘들었구나. 서원이는 어떻게 하고 싶어?"

"혜선이랑 다시 친하게 지내고 싶어요."

"선생님이 도울 방법을 생각해 볼게. 선생님한테 시간을 좀 줄 수 있 겠어? 그리고 오늘 힘든 거 말해 줘서 고마워."

두 눈이 빨개진 서원이를 토닥여 주며 집으로 보내고 어떻게 해야 할 지 생각했어요. 서원이 말만 듣고 섣불리 아이들 관계를 판단할 수도 없잖아요. 직접 혜선이와 옆 반 주연이를 불러 볼까도 생각했어요. 그 런데 제가 잘못 끼어들어 아이들 사이를 더 나빠지게 만들지 않을까 걱정도 되었어요. 그냥 불러서 친하게 잘 지내라고 말하는 것이 잔소리 만 늘어놓는 꼴이 될 수도 있을 거 같았고요. 그래서 개똥이들하고 함 께 해결해 보기로 했어요.

3학년 개똥이들은 모두 마흔 두 명이에요. 남학생이 서른 명, 여학생 이 열두 명이죠. 남학생이 여학생보다 훨씬 많아도 서로 어울려 잘 놀 지만 아무래도 여학생끼리 더 친하게 지내기도 합니다. 그런데 여학생 수가 적다 보니 친하게 지냈던 동무와 사이가 조금 멀어지면 외로움을 더 많이 느끼는 문제가 더러 생겨요. 서원이와 혜선이도 1학년부터 아 주 가까운 사이였는데 주연이가 혜선이와 가까워지면서 서원이 마음이 힘들었나 봅니다.

여학생들한테 흔히 생기는 일이라고 그냥 넘길 수가 없었어요. 옆 반 선생님과 이 문제로 이야기 나누다 밤에 두 반 여학생들을 모아 '여학생의 날'을 해 보자고 했어요. 학년이 올라가면 여학생들이 단짝을 만들면서 문제가 자주 생길 텐데, 개똥이들이 슬기롭게 해결할 수 있는 힘을 키워 주고 싶었어요. 이참에 서로의 마음도 알고요. 그런데 여학생의 날만 한다고 하면 남학생들이 차별한다고 할 것 같아 남학생의 날, 여학생의 날 행사를 나눠서 하기로 했어요.

한 달을 마무리하는 3학년 다모임 날입니다. 한 달 이야기를 마무리하고 여학생의 날, 남학생의 날 행사를 알렸어요.

"우리 내일 3학년 여학생의 날, 남학생의 날이란 것을 해 보려고 하는데 괜찮을까?"

개똥이들은 새로운 걸 하자고 하면 눈이 반짝거립니다. 유난히 남학생들이 호기심을 보입니다.

"선생님, 여학생 남학생 따로따로 하는 거예요?"

"그렇지."

"뭐 하는 건데요?"

"너희들이 하고 싶은 거."

개똥이들한테 하고 싶은 것을 말하게 했어요. 여학생들은 떡볶이 만들기와 놀이를 하고 싶어 했고, 남학생들은 축구를 하고 영화를 보고 싶어 했어요.

"여학생의 날과 남학생의 날을 준비해 보고 싶은 사람?"

개똥이들 대여섯이 손을 듭니다. 하루 수업을 마치고 행사를 준비하기 위해 개똥이들은 교실에 남았습니다.

이 행사를 준비하면서 개똥이들 사이에 벌어지는 문제가 자연스레 없어지길 바랐습니다. 여학생의 날을 준비하는 데 서원이와 주연이, 혜선이도 함께해서 더없이 좋았죠. 여학생들은 떡볶이 만들 때 필요한 준비물도 나누고 하고 싶은 놀이도 정합니다. 열심히 준비하는 개똥이들 옆에 살짝 붙었어요.

"내가 뭐 도와줄 거 없어?"

"선생님, 밤에 속마음 이야기하는 거 한번 해 보고 싶은데요, 어떻게 할까요?"

"음, 선생님이 도와줄까?"

"네."

"다른 건 도와줄 거 없어?"

서원이는 얼굴 가득 웃음을 띠고 신이 났어요. 자기가 좋아하던 혜선이와 함께 준비를 하니 더욱 좋았죠.

여학생의 날입니다. 오후 5시가 되어 3학년 여학생들이 모였어요. 조리실에서 조리 도구를 준비해 왔습니다. 여자들끼리 옹기종기 모이니 뭔지 모를 하나되는 느낌이 생겼어요.

"선생님, 떡볶이 빨리 만들어요. 배고파요."

냄비에 물을 붓고 빨간 떡볶이 양념을 넣고 양파, 어묵, 떡을 넣는데, 모두들 냄비 옆으로 모여듭니다. 초록샘은 금세 딸 열두 명을 둔 학교 엄마가 되었습니다.

떡볶이가 부글부글 끓어오릅니다.

"잘 먹겠습니다."

무슨 이야깃거리가 그리도 많은지 재잘재잘하며 냄비 속 떡볶이를 순식간에 먹어 치웁니다.

"우리 이제 다 먹었으니 치우고 놀까?"

먹었던 그릇과 자리를 치우고 동그랗게 앉았어요. 불을 끄고 손에는 초를 하나씩 들었어요. 잔잔한 음악도 흐릅니다.

"한 해 동안 건강하고 예쁘게 자라 줘서 고마워. 지금부터는 자기 마음을 솔직하게 여는 시간이야. 그동안 동무들한테 고마웠던 일, 속상했던 일, 부탁하고 싶었던 일 있으면 맘껏 이야기하면 좋겠어. 그리고 열린 마음으로 들어 줬으면 해."

한 사람씩 돌아가며 천천히 마음을 열었어요. 드디어 서원이가 말할 차례가 되었어요. 서원이가 말을 하지 못하고 계속 머뭇거립니다. 그러더니 떨리는 목소리로 말을 시작합니다.

"혜선아, 나랑 너랑 젤로 친한 사이였잖아. 근데 네가 주연이랑만 놀고 나는 끼워 주지 않아서 많이 외로웠어. 내가 원하는 건 주연이랑 놀지 말라는 게 아니야. 반이 달라졌지만 계속 너랑 잘 지내고 싶어."

서원이 말을 듣고 혜선이도 눈물을 글썽입니다.

"서원아, 미안해. 주연이랑 같은 반이 되어 친해지다 보니까 네 맘을 잘 몰랐어. 하지만 서원아, 너랑 둘이서만 놀 수는 없잖아. 내가 다른 아이들이랑 놀아도 너무 힘들어하지 않았으면 좋겠어. 부탁이야."

여학생들은 단짝이 되고 싶어 합니다. 그런데 서로 마음을 내보이지 않으면 서로에게 쌓인 오해가 눈덩이가 되지요.

개뚱이들은 여학생의 날을 준비하고 놀면서 서로 힘들었던 마음을 열었어요.

개똥이들도 작은 일에 마음 아파하고 힘들어 합니다. 그러나 그런 마음을 그대로 두고만 있진 않아요. 서원이와 혜선이도 이날 얽힌 마음을 풀기 시작했어요. 차츰 좋아지겠지요.

남학생의 날

여학생의 날을 잘 마쳤습니다. 여학생의 날을 하고 나서 쉬는 시간마다 삼삼오오 모여 깔깔거리는 여학생들 웃음소리가 많이 들립니다. 여자아이들은 참 예민합니다. 별거 아닌 것 같지만 마음 쓸 일이 많고 유심히 살펴봐야 합니다. 그래서 문제가 생겼을 때도 더 조심스럽죠.

여학생의 날을 보내고 나니 마음을 누르던 큰 돌덩이 하나가 없어졌습니다. 학교 가는 길 발걸음도 가볍습니다. 차가운 바람도 하나도 차갑지 않고 눈앞에 보이는 학교가 빨리 오라고 부릅니다. 막 뛰어가려고 하는 순간 뒤에서 거센 숨소리와 발소리가 들려 뒤돌아봅니다. 축구를 좋아하는 연성입니다. 연성이는 추운 겨울에도 한 손엔 축구공, 다른 한 손엔 축구화를 들고 학교에 갑니다. 춥지 않은 날엔 머리에서 발끝까지 축구 선수 차림입니다. 연성이가 거친 숨을 몰아쉬고 잠시 쉬었다가 말을 꺼냅니다.

"선생님, 우리 남학생의 날은 언제 해요?"

여학생의 날을 했으니 남학생들은 손꼽아 남학생의 날을 기다렸던 겁니다. 여학생의 날과 남학생의 날을 하기로 약속했지만 수업을 마치고 따로 행사를 준비하는 거라 고민이 많았습니다. 개똥이들과 이미 하기로 약속했으나 초록샘 맘은 갈팡질팡합니다. 남자아이들 서른 명을 데리고 노는 게 힘에 부치거든요.

"아직 날짜는 정하진 않았는데, 다음 주에 할 생각이야."

연성이한테 갈팡질팡하는 맘을 보여 주지 않으려 했는데 끝말을 얼버무리며 답을 했습니다.

"오예! 선생님 근데요, 우리는 뭐 하고 놀아요? 여학생들하고 같은 거 할 거예요?"

연성이는 신이 나서 목소리가 더 커지며 묻습니다.

"너희들이 원하는 거 하기로 했잖아. 지난주에 같이 이야기 나눈 걸로 아는데?"

"맞아요, 우리는 축구하기로 했어요!"

연성이는 머리를 긁적이며 바라봅니다. 바라보는 연성이한테 초록샘은 아무런 답도 하지 않았거든요.

"선생님, 저 먼저 갈게요."

연성이는 머쓱했는지 학교로 뛰어갑니다.

'두 반 남자 아이들을 데리고 축구를 어떻게 하지?'

개구쟁이 남자아이들과 놀 생각을 하니 가슴이 답답해졌어요. 초록샘은 축구에 자신이 없거든요. 체육 시간에는 체육 전담 선생님이 지도해 주니 개똥이들과 축구를 해 본 적도 없었고요.

'에라 모르겠다. 개똥이들한테 솔직하게 말해 보자. 어떻게 되겠지!'

마음을 정리하고 교실에 들어섰더니 개똥이들이 절반쯤 왔습니다.

연성이도 책가방에서 오늘 배울 책을 꺼내고 있었죠. 연성이를 보니 미
안한 마음이 들었습니다.

"연성아, 조금 전에 연성이 말 정성껏 들어 주지 못해 미안해. 사실
선생님은 운동을 잘 못해. 그래서 체육 시간이 젤 싫거든. 근데 남학
생의 날 축구를 한다니까 걱정이 되어서……."

"선생님도 못하는 게 있어요?"

"당연하지! 선생님도 못하는 거 많아. 내일 오후 학급회의 시간에 남
학생의 날에 무얼 할지 다시 이야기 나눠 보자."

"네, 선생님."

연성이가 제 마음을 이해해 줘서 고마웠어요. 그리고 힘들 때 고민을
들어 주는 영근샘한테 부탁을 해 보자고 마음을 먹었습니다.

초록샘은 힘든 일이 있으면 함께 사는 영근샘과 이야기를 나눕니다.
영근샘도 초등학교에서 같은 일을 해서 고민을 잘 들어 줍니다. 그리고
초록샘 다사랑반과 영근샘 참사랑땀반 빛깔이 비슷해서 잘 통합니다.
언젠가 영근샘이 다사랑반 개똥이들에게 재미난 놀이도 알려 주고 기
타로 노래도 해 준 적이 있어서 이번에도 부탁을 했지요.

영근샘이 흔쾌히 부탁을 들어줘서 신나게 남학생의 날 계획을 세웠
습니다.

여학생의 날엔 여학생들이 좋아하는 떡볶이를 만들어 먹고 이야기
나누며 마음을 헤아렸지만, 남학생의 날은 몸을 움직이는 것을 가장 큰
알맹이로 잡았어요. 머릿속 계획은 있었지만 개똥이들이 바라는 것이
무엇인지 듣는 게 먼저지요.

학급회의 시간입니다. 여러 이야기가 나왔는데 그 가운데 1위는 남

학생의 날 무엇을 할 것인지였습니다.

"내일 남학생의 날입니다. 하고 싶은 것이 있으면 말씀해 주세요."

학급 대표의 말이 끝나자, 연성이가 손을 듭니다.

"지난번 여학생의 날 회의할 때 남학생의 날엔 축구를 하기로 했잖아요."

"그래, 그랬지."

연성이가 이어서 다시 말을 합니다.

"그런데 어제 선생님이랑 이야기할 때 선생님이 운동을 잘 못한다고 했잖아요. 남학생의 날엔 선생님도 같이 놀아야 하는데 선생님이 축구를 잘 못하니까 교실에서 놀면 좋겠어요."

연성이 말을 이어 찬영이가 손을 듭니다. 찬영이도 연성이만큼 축구를 좋아하죠.

"남학생의 날은 우리 남학생을 위한 날인데 선생님이 축구 못한다고 축구를 안 한다고요? 그건 말도 안 돼요."

그때 옆에서 살그머니 규민이가 손을 듭니다. 규민이는 조용하고 그림 그리는 것을 좋아합니다.

"저도 축구 싫어요. 공이 무서워요."

규민이는 기어들어 가는 목소리로 말하고는 얼굴이 빨개집니다.

학급 대표는 남학생의 날 해야 할 일을 정하는데 머리가 아픕니다.

"남학생만 손을 들어 주세요. 축구하고 싶은 사람? 축구 안 하고 싶은 사람?"

찬반이 팽팽하게 개똥이들이 한참 이야기를 나누고 있을 때 초록샘이 손을 들었습니다.

"남학생의 날엔 특별 손님을 모셔 와서 신나게 놀아 보려고 해. 그래서 영근샘한테 우리 반에 와서 같이 신나게 놀아 달라고 부탁했어. 축구는 모두가 재밌게 할 수 있는 놀이로 바꿔서 해 볼 거야. 그리고 선생님도 같이 해 볼게."

초록샘도 잘 못하는 게 많아요. 그럴 땐 개똥이들이 길을 알려 줍니다. 남학생의 날 때문에 고민이었지만, 개똥이들과 머리를 맞대고 덜컹거리며 문제를 해결했어요.

남학생의 날 영근샘은 기타를 들고 우리 반에 왔지요. 개똥이들은 짝을 지어 손을 잡고 짝 축구를 하며 운동장을 달렸습니다. 축구를 잘 못하는 초록샘과 규민이도 신나게 운동장을 달렸습니다. 처음 해 본 축구였지만 다리가 후들거릴 정도로 뛰었습니다.

4부

겨울

추운데
우리 뭐 하지?

칼바람이 논두렁과 밭두렁을 지나 얼굴을 덮쳐요. 아침에 학교 가는 길 옆 풀잎들은 서리에 얼었어요. 서리에 비친 햇살이 예뻐서 햇살을 모아 봅니다. 서리를 긁던 아이들이 웃으며 이번에는 물웅덩이로 내달립니다. 무엇이 그리도 좋은지 삼삼오오 재잘대며 모여 있습니다. 저도 따라 달려가 봅니다. 아이들은 물웅덩이 얼음이 잘 얼었나 발로 툭툭 치며 깨어 냅니다. 오늘은 어제보다 단단하게 얼었는지 발에 힘을 더 주네요. 깬 얼음을 들고서 운동장을 가로지릅니다. 자기 얼굴보다 큰 얼음덩어리를 가지고 무엇을 하려는 걸까요?

얼음

양시영

지붕 아래 대롱대롱
가로 봉 아래 달랑달랑
떨어질까 말까 떨어질까 말까

얼음 송곳 고드름

입에 넣어

살살 녹여 먹고

오도독오도독 씹어 먹고 싶다.

얼음웅덩이

탁원

난 얼음 광부

얼음 캐려고 끙끙

하지만 얼음은 절대 나에게 지지 않으려고 한다.

얼음

최율

한겨울 물이 꽁꽁

겨울바람에게 까불다가

꽁꽁 얼어 버렸다.

자세히 살펴보며 그려요

날씨가 추워지면서 교실에 있는 시간이 많아집니다. 교실에서 무엇을 해 볼까? 고민하다 자세히 살펴보며 그림을 그리기로 했어요. 동무들 모습과 내 둘레에 있는 물건을 자세하게 살피며 그림을 그리면 하나에 정신을 모으며 시간을 보내기에 좋아요. 그림을 그리기 위해서 먼저 책상을 동그랗게 만들어 앉았어요. 동그랗게 앉으면 동무들 모습을 잘 볼 수 있거든요. 또 종이를 스무 장씩 준비했어요. 연필도 깎아서 책상 위에 올려놓고요. 지우개는 꺼내지 않았어요.

먼저 그림을 그리기 전에 연필을 쥐고 선을 그었어요. 선을 그리고 싶은 대로 마구 그어요. 세게, 약하게, 진하게, 연하게 힘을 빼기도 하고 주기도 하면서 나만의 방법으로 선을 그어요.

다음에는 옆에 있는 짝을 그려 보기로 해요. 시간을 정해서 눈에 보이는 대로 그려요. 한 번 시작한 선을 따라서 선에서 손을 떼지 않고 그대로 그렸어요. 이때 내 눈에 보이는 대로 선을 따라서 긋는 게 중요해요. 개똥이들은 그리다가 틀렸다고 아우성이네요. 그래도 괜찮아요. 지우개로 지우지 않아요. 그냥 그리고 또 그려요.

처음에는 5분, 다음에는 3분, 다음에는 1분 안에 그림을 빨리 그려 보았어요. 시간이 짧아질수록 그리고 싶은 것을 빨리 보고 특징을 찾아내야 한다는 것을 알아차려요.

이번에는 시간을 좀 늘려서 자기 손을 보고 그려요. 시간은 10분 정도예요. 다 그린 개똥이들은 짝의 손을 보고 자세히 살펴 그려요. 그리고 싶은 손 동작을 자유롭게 그리라고 했더니 아이들 그림이 살아 있어요.

개똥이들이 스스로 만드는 동아리

바람이 차가우니 놀이 시간에 밖에 나가 노는 횟수가 줄어들어요. 개똥이들은 교실에서 보드게임도 하고 지우개 따먹기 놀이도 해 보지만 별로 재미가 없나 봐요. 그러다 보니 개똥이들끼리 동아리를 만들기 시작했어요. 우리 반 개똥이들은 그때그때 동아리를 만들어 내는데 만들어 낸 동아리는 자주 바뀌어요.

한창 날씨가 좋을 때는 밖에 나가 노는 동아리가 많았는데 날씨가 추워진 요즘은 앉아서 무언가 만드는 동아리를 하기 시작했어요. 바로 십자수 동아리예요. 십자수 동아리는 1학기에 은혜와 지민이가 만든 동아리였는데 점점 시들해져서 없어졌다가 요즘 다시 만들었어요.

공부 마칠 시간이 되면 개똥이들끼리 한 모둠에 둥그렇게 모여 앉아요. 그러고는 다은이가 선생님이 되어 십자수 하는 방법을 설명해요. 십자수 동아리에는 남자 동무들도 같이 끼어 있어요. 바늘이 위험할 수도 있어 제가 옆에서 잔소리를 하곤 하는데 개똥이들은 아랑곳하지 않네요. 다치지 않고 잘할 수 있다고 믿으라고 해요. 다 만들고 나면 개똥이들한테 전시회도 하라고 할까 해요.

- 나는 중간 놀이 시간에 십자수를 한다. 십자수는 집중과 참을성이 필요하다. 실이 바늘을 통과할 때 안 들어간다고 포기하면 안 된다. (윤가은)
- 실 더하기 바늘 더하기 천 / 여러 가지로 변신한다. / 연필로 원숭이로 / 그림보다 예쁘게 / 알록달록 십자수 / 정말 하기 잘했다. (조현재)
- 십자수를 한다. / 아얍야얍 / 이리저리 꿰다가 / 콕콕 찔리며 / 딩동댕 종소리가 울리면 / 바늘이 쉬는 시간이라고 인사하고 간다. (김은혜)

겨울 간식 만들어 먹으며 배워요

수학 시간에는 들이와 무게에 대해 공부해요. 들이와 무게는 우리 삶과 연결된 것이 많아 개똥이들이 좋아합니다.

"들이가 무슨 뜻일까요?"

"무엇이 들어 있는 거요."

"무엇이 어디에 들어 있다는 거죠?"

"음……. 물이 통에 들어 있어요."

"우유 통에 우유가 들어 있어요."

"컵에 물이 들어 있어요."

개똥이들은 여기저기 들어 있는 것을 말합니다.

"그래요, 들이는 물이나 우유 같은 액체, 밀가루 같은 것이 통이나 그릇에 들어가는 양을 말하는 거예요. 우리 이번 수학 시간에는 들이와 무게에 대해 공부하고 배운 것으로 핫케이크 만들어 먹을까요?"

아이든 어른이든 공부보다 잿밥에 마음이 더 있기 마련이에요. 우유와 핫케이크 가루, 달걀을 넣어 핫케이크를 만드는 일은 들이의 양과 단위를 공부하기에 좋으니, 노는 듯 공부할 수 있어요. 분위기는 만들었으니 열심히 공부하고서 해 먹자고 꼬드겼어요.

"무게는 무슨 뜻이지?"

"저울로 잴 수 있는 거요."

"그렇지, 무게는 저울로 잴 수 있지. 그런데 무게는 저울 없이 어떻게 재고 비교할 수 있을까?"

"손으로 들어 보면 알 수 있잖아요."

"손으로 들어서 아는 무게를 어떻게 표현하면 될까?"

"무겁다, 가볍다 하면 돼요."

"그런데 사람마다 무겁고 가벼운 정도를 똑같이 느낄까?"

"아니요, 다를 것 같아요."

"서로 기준이 같아야지요."

"그래요, 이렇게 들이나 무게나 모든 사람들이 같이 기준을 정해서 사용하게 됩니다. 그게 바로 단위라는 거예요."

개똥이들이 빨리 핫케이크를 만들자고 합니다.

"선생님, 우리 열심히 공부했으니까 핫케이크 만들어요!"

이번엔 선생님이 만들어 주는 간식 시간이라서 개똥이들은 반죽하고 요리하는 초록샘 앞에 앉았어요. 모둠마다 커다란 접시를 가지고 앉아서 이런저런 이야기를 주고받으며 핫케이크가 익을 때를 기다려요. 머리 쓰며 하는 공부도 이렇게 먹을 것 만들어 먹으며 하니 즐거워요. 바깥은 추운데 수업 시간에 따뜻한 핫케이크까지 먹으니 겨울인 줄도 모르겠어요.

눈썰매 타고
놀아요

아침 일찍 일어났어요. 창밖이 온통 하얘요. 하얀 눈으로 뒤덮인 세상을 보고 좋아야 하는데 한숨이 나왔어요. 첫눈이 오면 개똥이들과 눈집(이글루)을 만들고 싶었는데 말도 없이 눈이 왔단 말이죠. 첫눈이 이렇게 빨리 올 줄 몰랐거든요. 그래서 갑자기 내린 눈이 반갑지 않았어요.

학교 가는 길도 하얀 눈으로 덮였어요. 나뭇가지들은 자기 두께보다 더 두꺼운 솜털 옷을 걸쳐 아슬아슬 흘러내릴 것만 같아요. 학교가 보이는 내리막길은 실내화 주머니를 타고 내려가는 썰매장이 되었어요. 눈이 많이 오니 학교 가는 길도 놀이터가 됩니다.

학교 운동장에도 눈이 많이 쌓였어요. 책가방을 멘 개똥이들은 손을 호호 불어 가며 눈덩이를 굴립니다. 장갑을 끼지도 않고 눈덩이를 굴립니다. 선배들은 큰 공을 만들고 동생들은 작은 공을 만들어 눈사람을 만듭니다. 지금은 눈이 그치고 햇살이 내리쬐는 하얀 운동장엔 첫눈을 기다린 개똥이들 간절함이 팔딱팔딱거려요.

한참 눈을 굴리던 은지가 교실로 들어가는 저를 부릅니다.

"선생님! 안녕하세요? 이것 좀 봐요."

"우와, 눈덩이를 크게 굴렸네."

햇살이 눈에 퍼져 개똥이들이 더 신나 보여요. 개똥이들은 초록샘과 같이 눈사람을 만들고 싶어 했지만 아침부터 옷을 버릴 것 같아 그냥 인사만 하고 교실로 들어왔어요. 교실엔 가방들만 책상 위에 덩그러니 놓여 있어요. 같이 놀걸 괜히 먼저 들어왔나 살짝 아쉬운 마음이 들었어요. 수업 시작종이 치자 운동장에 가득했던 개똥이들이 교실로 들어왔어요. 옷도 다 젖었고 장갑도 다 젖어 교실은 정신이 없어요. 축축해진 장갑을 벗어 햇살이 비치는 창가에 가지런히 널어놓고, 두꺼운 잠바는 잘 마를 수 있도록 의자에 걸었어요.

"선생님, 다시 나가서 놀아요. 아까 만들던 눈사람 그대로 두고 왔어요. 다른 애들이 망가뜨리면 어떡해요?"

개똥이들 성화에 초록샘은 오늘도 마음이 오락가락합니다. 수업도 해야 하고 오랜만에 내린 눈이라 개똥이들 마음도 이해가 가고요. 그래서 이렇게 눈이 온 날은 교실 공부는 나중에 하고 반나절쯤 운동장에서 놀고 싶어요.

"사실은, 선생님이 눈이 오는 날은 운동장 놀이로 수업을 하려고 했어. 그런데 오늘은 갑자기 눈이 내려 미리 준비물도 알려 주지 못했고……."

"괜찮아요! 준비물 없어도 놀 수 있어요. 운동장에서 수업해요!"

"운동장! 운동장! 운동장! 운동장!"

개똥이들은 밖으로 나가자고 입을 모아 운동장을 외칩니다. 소리는 더 커집니다. 이런 날은 당연히 나가고 싶죠.

오늘은 눈 내린 뒤 날씨마저 유난히 따뜻해서 이 순간을 놓치면 언제 눈 구경을 할 수 있을까 고민이 되었답니다.

"그래, 그럼 오늘은 눈썰매를 타자."

말이 나오기가 무섭게 개똥이들 힘찬 함성이 교실을 가득 채웠어요.

"지금은 국어 수업인데 다음 주 밖에서 수업하기로 했던 시간과 바꿀게요. 다음엔 무작정 바꾸자고 하면 안 돼요."

겨울방학 전에 보충할 수 있는 시간을 남겨 두어서 개똥이들과 놀 수 있는 여유 시간이 있었거든요.

눈이 내리면 운동장에서 아이들과 타려고 눈썰매를 사 놓았어요. 학교 운동장에서 눈썰매 타고 동무들과 신나게 뛰어놀았으면 하는 마음이었거든요. 근데 요 몇 년 사이 눈이 내리지 않아 눈썰매 탈 일이 없었는데 오늘 눈이 많이 와서 눈썰매를 끌고 타기에 딱 좋아요. 눈썰매장에 가면 언덕에 올라 가파른 속력으로 내려오지만 운동장에선 동무와 짝이 되거나 여러 명이 한 모둠이 되어 눈썰매를 끌어야 해요. 오늘은 세 명이 한 모둠이 되어 눈썰매 한 대를 타기로 했어요.

"선생님, 두 명이어야죠. 셋이서 어떻게 타요."

"방법을 생각해 볼까?"

눈썰매 수가 모자라 셋을 한 모둠으로 만들었어요. 개똥이들은 차례를 정해 둘이 끌고 한 사람이 타기도 하고, 한 사람은 밀고, 한 사람은 끌고, 한 사람은 타기도 했어요. 또 쉬기도 하고요. 놀잇감만 있으면 방법은 만들어서 노는 게 개똥이들 재주예요.

그런데 평평한 운동장에서 눈썰매를 끌다 보니 힘들었는지 숨이 가

빠지고 힘이 빠진 모습이 보입니다. 이럴 땐 겨루기도 좋죠. 개똥이들을 모아 모둠끼리 누가 빨리 달리는지 겨루었어요.

"모둠끼리 겨루기 한번 해 보자. 운동장 이쪽 축구 골대에서 시작해서 반대편 골대까지."

개똥이들은 신나게 놀다가 겨루기까지 하니 숨을 헐떡입니다.

그런데 이렇게 잘 노는 개똥이들이 부러워졌습니다. 아이들 노는 모습을 구경만 하다가 샘이 난 거죠.

"너희들은 눈썰매 타서 재밌지만 나는 눈썰매도 못 타고……. 선생님도 눈썰매 타고 싶은데……. 나도 너희들 신나게 노는 모습 보면 부러울 때가 많아. 눈썰매가 모자라서 밀어 주기만 했잖아."

개똥이들한테 속마음을 말했어요.

"선생님, 여기 타세요. 제가 밀어 드릴게요."

"저도요."

"저도요."

서로 자기 모둠 눈썰매에 태워 주겠다고 합니다.

"잠깐! 모두 다 날 태워 주겠다는 거지? 알았어. 잠깐, 잠깐, 차례를 정하자. 모두 다섯 모둠이니까 두 모둠은 운동장 반대쪽에서 기다려 줄래?"

저는 신이 나서 개똥이들이 밀어 주는 눈썰매에 앉았습니다. 고사리 같은 손으로 둘이 밀고 한 사람이 끌어당기며 무거운 초록샘을 운동장 반대쪽까지 끌고 갑니다.

"선생님 왜 이렇게 무거워요! 살 좀 빼야겠어요."

"알았어, 알았어. 살 뺄게."

초록샘을 눈썰매에 올려놓고 운동장 이리저리로 데리고 다닙니다. 어른이라고 이래라저래라 잔소리하는데도 좋아해 주고 챙겨 주는 개똥이들 마음이 참 고맙습니다.

"와! 재밌다. 근데 선생님 엉덩이가 다 젖었어. 선생님은 교실에 잠깐 가야겠다. 이제 정리하고 교실로 들어가자."

"조금만 더 놀고요. 쉬는 시간도 있잖아요."

개똥이들은 놀아도 놀아도 또 놀고 싶은가 봅니다.

"우리 다음에 눈 오면 눈집도 만들어야 하고, 연날리기도 해야 해. 또 눈 온 산에도 가 보기로 했지."

우리는 눈썰매를 정리하고 교실로 들어왔어요. 개똥이들은 날마다 눈집 만들 생각으로 하늘만 볼 것 같아요. 그땐 시린 손 녹여 줄 따뜻한 코코아도 준비해야겠어요.

우리도
김장해 보려구요

아침이 되었는데 일어나기가 싫습니다. 월요일 아침이라 더 그렇습니다. 개똥이들은 더 그렇겠지요. 날씨가 추운 요즘 이불 속에 폭 들어 있다 보면 이불을 걷어차고 나오기가 싫을 거예요. 이때 "일어나! 학교 가야지" 하는 엄마 말을 들으면 그제서야 어기적어기적 이불 속에서 나와 학교 갈 준비를 할 테지요.

서리가 내린 논은 물방울이 햇빛에 비쳐 눈이 부십니다. 무성했던 나뭇잎들도 잎을 떨굽니다. 또 내년을 위해 풀들도 앙상한 거죽만 남기고 겨울나기 준비를 합니다.

학교 앞에 거의 도착했습니다. 연희와 서연이가 텃밭에서 교문 쪽으로 뛰어옵니다.

"선생님! 선생님! 우리 텃밭에 있었어요."

"연희야, 서연아, 주말 잘 보냈어? 너네 추운데 교실에 있지, 텃밭에 왜 나왔어?"

텃밭에 오래 서 있었는지 코끝이 빨갛습니다.

"우리는 왜 배추 안 뽑아요? 다른 반은 다 뽑았단 말이에요."

차가운 손을 호호 불어 가며 텃밭에 배추를 걱정합니다.

"왜 무는 일찍 뽑아 주고 배추는 그대로 둔 거예요?"

"무는 날씨가 추우면 언다고 해서 뽑아서 집으로 보낸 거지."

"그럼 배추는 안 얼어요?"

"배추도 얼긴 하지만……."

하도 야무지게 물어서 대답을 얼버무립니다.

연희와 서연이는 배추가 얼까 봐 걱정이 되어 아침 일찍 텃밭에 들렀나 봅니다.

"선생님이 얼지 않도록 비닐로 덮어 두긴 했어."

배추가 얼지 않아 다행이었어요. 얼었다면 할 말도 없었겠지요.

"그래, 알았어. 추우니까 우리 교실에 들어가서 이야기하자."

연희와 서연이를 데리고 교실로 들어가는데 뽑지 않은 배추를 어떻게 할지 걱정이 되었어요. 교실에 들어와서 개똥이들과 아침 인사를 하고 '주말 이야기'를 나누었어요. 월요일 아침이면 개똥이들과 주말에 있었던 일을 돌아가면서 나누는데요, 이번에는 할머니 댁이나 집에서 김장했다는 이야기가 많아요. 개똥이들 이야기가 끝나고 초록샘이 말할 차례가 되었어요.

"얘들아, 선생님은 주말 이야기 말고 걱정거리가 하나 있는데 이야기해도 될까?"

"네, 괜찮아요."

개똥이들은 초록샘이 무슨 이야기를 꺼낼지 눈을 동그랗게 뜨고 바라봅니다.

"사실은 텃밭에 있는 배추를 어떻게 해야 할까 걱정이야."

걱정도 아닌 걸 이야기한다 싶어 정현이는 코웃음을 치며 바로 말을 받습니다.

"배추를 뽑으면 되잖아요? 뭐가 걱정이에요."

"당연히 뽑으면 되지. 그런데 우리가 배추를 왜 심었니?"

"먹으려고 심었죠? 그냥 먹으면 되잖아요."

정현이는 또 바로 말을 받습니다.

"그래, 정현이 말이 맞아. 그냥 먹으면 되지. 배추로 할 수 있는 게 많지. 날배추를 그냥 먹어도 되고, 배춧국을 끓여 먹어도 되고, 또 배추전도 부쳐 먹으면 달큰하니 얼마나 맛있겠어. 근데 이번엔 우리가 기른 배추로 김장을 해 보면 좋겠다는 욕심이 생겼단다. 해마다 배추를 뽑아 집으로만 가져갔는데 너희들과 김장을 한번 해 보고 싶어."

"아, 좋아요. 좋아요."

개똥이들은 뭘 해 보자고 하면 뭐든 좋다고 합니다. 그런데 이번 김장 담그기는 준비해야 할 것이 많아 그게 걱정이죠.

"우리가 꾸준히 텃밭 농사를 지었잖아. 봄에는 감자 심어서 감자도 삶아 먹고, 상추도 뜯어 먹었고, 여름에는 토마토, 가지, 참외, 오이, 당근, 고추도 심었지. 우리 개똥이들이 텃밭에서 많이 애썼는데, 그래도 김장을 한다는 건 어마어마한 일이야."

그때 강희가 한마디 거들며 맞장구를 칩니다.

"선생님, 맞아요. 우리 집에서는 김장 안 해요. 할머니 댁에서 김장하면 택배로 보내 주시거든요."

"그래, 요즘은 김치를 집에서 많이 담그지도 않지. 사 먹는 집도 많

고. 그래서 우리가 직접 김치를 담가 보려고 하는데 김치를 담그려면
먼저 배추를 뽑아서 소금물에 절여야 한단 말이야. 우리가 그걸 할
수 있을까?"

배추를 뽑아 절이는 것이 문제였습니다. 학교에 있는 큰 고무 대야에
배추를 넣어 소금에 절여야 하는데 누가 그것을 하냐? 그것이 문제였
지요.

그때 우현이가 조용히 말합니다.

"선생님, 우리가 집에 가서 배추 절여 올까요?"

"우현아, 배추 절일 수 있어?"

평소에 말이 없던 우현이가 갑자기 집에서 배추를 소금에 절여 온다
는 말에 놀랐지요.

"제가 절이는 게 아니라 부모님한테 해 달라고 하면 될 것 같아요."

이렇게 뭔가 해결책이 나오면 개똥이들은 웅성거리기 시작합니다.

"선생님, 우리 수업 마치고 집에 갈 때 배추를 뽑아서 갈까요? 그리
고 집에 가서 배추 절여 오면 되잖아요."

"그래, 좋은 생각이네."

태어나서 한 번도 배추를 절여 본 적이 없는 개똥이들입니다. 그리고
부모님들께 미리 안내도 하지 않고 집으로 배추를 보내면 잘 절여 올
까 걱정이 되었지요. 도리어 부모님들에게 번거로운 일을 떠넘기는 건
아닌가 해서 안내장에 편지를 붙여 부탁을 드렸답니다.

그러고는 바로 급식실로 달려갔어요. 배추만 절인다고 김장이 되는
게 아니잖아요. 절인 배추에 들어갈 양념도 필요하니까요. 김장 양념은
어쩔 수 없이 급식실 영양사님한테 부탁드렸답니다. 급식실 영양사님

이 학교급식으로 오는 김치 공장에 이야기해 김치 양념을 구입해 주었
지요.

다음 날 개똥이들은 손에 김치 통 하나씩 들고 교실로 들어옵니다.
김치 통에는 절인 배추가 있겠지요. 초록샘은 배추가 궁금합니다.

"은지야, 뚜껑 한번 열어 봐도 될까?"

뚜껑을 여는 순간 꾹 눌러져 있던 배추가 펴지며 이파리가 뻗칩니다.
배추 이파리가 살아 있었던 거예요.

"선생님, 우리 엄마는 배추 한 번도 안 절여 봤대요. 절임 배추 사서
김장한대요."

그렇습니다. 학부모들도 집에서 배추를 절이는 과정까지 하는 건 번
거로운 일입니다.

"괜찮아, 괜찮아. 자 뚜껑 닫아 주고."

개똥이들 모두 김치 뚜껑을 열고는 배추를 들고 아우성입니다. 10분
남짓 웅성거리다가 김장을 하기 시작했답니다.

소금에 절여지지 않아 펄펄 살아 있는 배추여도 김치 양념을 빨갛게
묻혀 가며 직접 김장이란 걸 해 보았습니다. 덕지덕지 옷에도 얼굴에도
빨간 양념이 묻었지만 열 살 개똥이들이 김장이라는 걸 해 보았지요.
그리고 배추김치 한 가닥 쭉 찢어 맛도 봅니다. 매운 것은 입에도 안 대
는 동현이는 자기가 만든 김치는 잘도 먹습니다.

개똥이들과 노래 '밥상'(백창우 작사·곡)도 힘차게 불러 봅니다.

"우리 아버지의 아버지 때부터 우리 어머니의 어머니 때부터 밥상에
오르내리며 나를 키워 준 것들. 아주 어릴 땐 잘 몰랐지만 이제는 알
것 같아. 어머니의 손맛이 배인 그 소중한 밥상을. 쌀밥 보리밥 조밥

콩밥 팥밥 오곡밥 된장국 배추국 호박국 무국 시금치국 시래기국 배
추김치 총각김치 열무김치 갓김치 동치미 깍두기 가지나물 호박나
물 콩나물 고춧잎 무말랭이 짱아찌."
직접 만들고 먹어도 보니 우리 밥상에 오르는 김치가 더 좋아집니다.

선생님이 보여 주는
연극 '백일홍'

정신이 없습니다.

수첩에 해야 할 일들이 1부터 10까지 빼곡히 적혀 있어요. 학교는 늘 정신없고 바쁩니다. 학기말은 해야 할 일이 몇 곱절 더 많습니다. 학교에선 선생님들이 모여 한 해 동안 아이들과 살아온 이야기를 풀어냅니다. 좋았던 것과 아쉬운 것을 나누며 다음 해를 위한 이야기도 합니다. 수업을 마치고 나면 반 아이들 성적 정리를 하느라 컴퓨터 앞에서 꼬박 반나절을 보내기도 하고요. 이렇게 학기말은 정신이 없습니다.

선생님마다 중요하게 생각하는 것이 다르지만 반 아이들이 쓴 글을 모아 문집을 만드는 선생님들도 있습니다. 문집 만드는 일은 시간이 많이 걸리는 일이에요. 바쁜 시기에 문집까지 만드니 아침에 만나는 선생님들 얼굴엔 피곤함이 가득합니다. 몸은 피곤하지만 뜻깊은 일이라고 여깁니다. 이렇게 바쁘고 정신없을 때는 일이 몰리기도 합니다. 그래도 선생님들이 개똥이들을 위해 의미 있는 일을 하고픈 마음은 굴뚝같습니다.

학기말에 학습 발표회를 많이 합니다. 개똥이들이 수업 시간에 배운 것을 부모님들을 모시고 발표하지요. 한 해 동안 아이들이 성장한 모습을 보면 흐뭇합니다. 그런데 이번엔 처지를 바꾸어 선생님이 보여 주는 연극을 준비해 봅니다.

선생님들이 보여 주는 연극 공연! 이렇게 바쁜 때에 연극을 하자니 모두들 눈이 휘둥그레집니다. 연극을 하자고 한 사람은 초록샘 옆 반 채우샘입니다. 채우샘은 대학 다닐 때부터 지금까지 연극을 좋아해 아이들과 교실에서 연극으로 삶을 가꾸는 분이에요. 우리는 한 해 동안 채우샘과 연극으로 풀어내는 수업을 공부했어요.

선생님들과 수업 이야기를 나누다가 채우샘이 아이들한테 연극을 보여 주자고 한 거예요.

"우리, 애들한테 보여 줄 공연 한번 해 볼래요?"

"뭐라고요? 우리가 연극을 한다고요?"

"에이, 싫어요. 싫어. 애들 앞에서 연극을 하자고?"

"못해. 못해. 우리가 어떻게 연극을 해."

모두들 고개를 절레절레 흔듭니다.

"난 한 번도 연극해 본 적 없어요."

"나도, 부끄럽네. 애들 앞에서 한다니까. 그리고 시간도 없잖아. 해야 할 일이 얼마나 많은데."

"에구, 괜찮아요. 할 수 있어요. 걱정 마세요. 충분히 할 수 있어요."

채우샘은 선생님들을 다독거리며 잘할 수 있다고 했어요. 이렇게 갑자기 엉뚱하게도 아주 바쁜 학기말에 개똥이들을 위해 연극 공연을 준비하게 된 겁니다.

우리가 준비한 연극은 백일홍 꽃 이야기였어요.

"혹시 백일홍 이야기 아세요?"

꽃 이름은 알지만 백일홍 전설은 기억이 잘 나지 않았어요. 채우샘은
벌써 연극 대본을 가져왔습니다.

"제가 연극 공연 했던 건데요. 옛날 바닷가 작은 마을에 이무기가 나
타나 많은 사람들이 목숨을 잃게 돼요. 궁리 끝에 마을에선 제물로
처녀인 노을이를 바치기로 하는데요, 노을이와 사랑하는 사이인 하
늘이가 노을이 대신 바다로 나가 괴물과 싸우게 되죠. 노을이는 날마
다 바닷가에서 하늘이를 기다리다 지쳐 가요. 그러다 노을이가 이무
기와 싸우고 돌아오는 배를 보게 되는데요, 깃발에 묻은 피를 보고
하늘이가 죽은 줄 알고 그 자리에서 목숨을 끊는 슬픈 이야기에요."

"눈물 난다. 노을이와 하늘이. 근데 누가 주인공 해요?"

선생님들은 갑자기 걱정이 되었어요. 아이들이 하는 연극을 준비해
서 발표회는 해 봤지만 직접 연극을 해 본 적이 없는 선생님들은 서로
주인공을 하지 않으려고 했어요. 미루고 미루다 결국 제가 하늘이 역을
맡았어요.

연극에 필요한 사람은 모두 다섯이었어요. 노을이, 하늘이, 마을 사
람들, 이무기, 마지막으로 음향과 전체 연출을 맡는 역할입니다. 처음
엔 대사도 외우지 못하고 어색해서 한동안 웃기만 했어요. 하루하루 공
연 날이 가까워 올수록 걱정이 태산입니다.

"우리 이렇게 해서 공연할 수는 있겠어요?"

"그러게 말야. 애들이 우리 보고 웃을 것 같아요."

이렇게 해선 안 되겠다 싶었어요. 좀 더 연습을 해야 할 것 같아 시간

을 더 만들어야 했죠.

"우리 아침에 좀 더 일찍 학교에 와요. 연습할 시간이 없어요."

"내일부터는 아침 여덟 시까지 와서 연습합시다."

일주일 전부터 우리는 8시에 모여 연습을 했답니다.

할 일은 태산이었지만 짬짬이 시간을 내어 연습하는 동안 모든 것을 잊고 집중했고 많이 웃었습니다.

"내일 공연인데 옷은 어떻게 입을까요?"

"다 검은색으로 입고 흰색 천과 붉은색 천만 준비할게요."

공연은 수요일 오후에 하기로 했습니다. 급식을 먹고 4교시 수업을 마친 1학년부터 3학년 개똥이들이 공연을 보러 모이기 시작했어요.

우리는 무대막 뒤에서 준비하고 있었죠.

"왜 이리 가슴이 떨리냐?"

"나도."

"대사 잊어버리면 어쩌지?"

무대막 사이로 힐끔 바깥을 쳐다봤더니 꽤 많은 개똥이들이 공연을 보러 왔어요. 눈이 마주친 개똥이들은 선생님 이름을 큰 소리로 외치며 손을 흔듭니다. 조금 전까지 교실에서 같이 공부하고 급식을 먹던 개똥이들인데 이렇게 무대에 서서 만나려고 하니 가슴이 콩닥콩닥거립니다.

무대 한가운데 앉은뱅이 의자 세 개가 놓였습니다. 그리고 공연 시작을 알리는 '무궁화꽃이 피었습니다' 멜로디언 소리가 들립니다.

위아래 검정 옷에 기다란 흰색 천을 두르고 우리는 한 명씩 무대로 나갑니다. 긴장을 살포시 묻어 두고 무대로 사뿐사뿐 걸어 나갑니다.

"무궁화꽃이 피었습니다."

"나팔꽃이 피었습니다."

"장미꽃이 피었습니다."

"봉숭아꽃이 피었습니다."

개똥이들은 계속 웃습니다.

"히히."

"그래, 좋네."

"ㅎㅎㅎㅎ."

"하하하하."

우리는 어색하고 부끄러운데 말입니다. 연극을 시작할 때부터 마칠 때까지 개똥이들 눈빛에 힘을 냈습니다. 참 오랜만에 느껴보는 설렘과 떨림이었습니다. 그리고 개똥이들이 보내 준 손뼉과 웃음은 정신없는 학기말 보약이 되었어요.

아름다운
마무리

겨울방학을 건강하게 보내고 동무들과 즐겁게 만나는 2월 개학 날입니다. 개똥이들은 방학 동안 늦잠도 자고 게으름도 피웠겠지요. 하지만 개학 날만큼은 그동안 만나지 못했던 동무들을 보고 싶은 설레는 마음이 가득한 모양입니다.

그래서인지 개똥이들이 일찍 교실에 나타났네요. 그 덕에 교실 안팎이 시끌벅적합니다. 2월은 개똥이들과 함께 공부하는 날이 열 손가락을 넘지 않아요. 짧은 시간이지만 알차게 시간을 쪼개서 해야 할 일이 많습니다.

가장 중요한 일은 개똥이들과 함께 공부한 결과물들을 정리해서 책으로 만드는 일입니다. 초록샘은 직접 정리해 주기보다는 개똥이들이 스스로 할 수 있도록 도와주지요.

또 그동안 함께한 둘레 사람들에게 고마운 마음을 전합니다. 한 해 동안 공부를 잘 할 수 있었던 것은 둘레에서 도와준 분들이 있었기 때문이잖아요. 개똥이들은 그 마음을 편지와 카드로 전합니다.

마지막으로 한 해 동안 함께 살아온 우리 반 개똥이들이 서로를 칭찬하고, 행복하게 3학년을 함께한 고마움을 나누며 한 해를 마무리하고 헤어집니다. 선생님, 동무들과 헤어져 아쉽겠지만 또 새롭게 시작될 새 학년을 기대할 거예요.

스스로 만드는 문집

개똥이들은 한 해 동안 날마다 글을 썼어요. 아침에 학교에 오면 작은 수첩에 글을 씁니다. 이 수첩을 '글똥누기'라고 부릅니다. 글똥누기는 학교에 오면 가장 먼저 하는 일입니다. 아침에 학교 오는 길에 보거나 들은 이야기를 쓰기도 하고, 문득 내 마음을 스치고 지나간 생각이나 느낌, 마음을 쓰기도 하지요. 때로는 아침 기분이나 날씨도 자세히 씁니다. 그냥 하고 싶은 이야기를 자유롭게 씁니다. 쓰기 싫을 때는 안 쓰고 넘어가기도 합니다.

3월에 개똥이들을 만났을 때 말했습니다.

"우리가 지금 쓰는 일기는 다음 해 2월에 헤어질 때 개인 책으로 만들 거예요. 그러니까 우리가 하루에 있었던 일 가운데 한 가지를 자세하게 써 봅니다."

되도록 날마다 썼지만 하루도 빠짐없이 쓰는 건 힘들었어요. 그래도 개똥이들이 자유롭게 글을 쓸 수 있게 했습니다. 일기는 글씨가 틀리거나 엉망이더라도 공부로 쓰는 글이 아니기 때문이죠.

문집은 개인 문집과 학급 문집 두 종류를 만듭니다. 개인 문집은 그동안 쓴 일기장들을 모아서 만들어요. 먼저 한 해 동안 쓴 일기장을 모두 모읍니다. 많게는 여덟 권부터 적게는 세 권까지, 일기장 권수는 개똥이마다 다릅니다. 이렇게 일기장을 모아 공책 왼쪽 부분에 세로로 구멍을 세 개 뚫습니다. 행정실에 가서 구멍을 뚫는 기계를 빌려 와 개똥이들한테 구멍 뚫는 방법을 설명해 줍니다.

구멍을 어디에 맞춰서 뚫는지 잘 보아야 합니다. 구멍을 뚫을 때 힘을 주어 누릅니다. 그다음 맨 위에 있는 구멍에 검은색 끈을 넣고 두 번째 구멍으로 빼서 끈을 연결하여 묶습니다. 또 두 번째 구멍에 검은 끈을 넣고 세 번째 구멍으로 빼서 묶습니다. 그런 다음 일기장 맨 앞 장에는 우리가 문집 표지로 그린 그림을 코팅해서 붙여 줍니다. 같은 방법으로 배움공책들도 묶어 줍니다. 일기장 모음과 배움공책 모음 두 묶음이 바로 개인 문집이 됩니다.

학급 문집은 개똥이들이 직접 글을 뽑아 만듭니다. 개똥이들이 쓴 일기장에서 달마다 네 편에서 다섯 편을 고르니 모두 40편 정도 됩니다. 뽑은 글은 스티커로 표시해 둡니다. 아직 3학년이라 컴퓨터로 작업하는 것이 어렵습니다. 그래서 부모님들한테 입력 작업을 부탁합니다. 부모님이 바빠서 작업이 어려울 때는 제가 돕기도 합니다. 컴퓨터로 작성한 글 말고 직접 손으로 쓴 글도 싣습니다. 손으로 쓴 시와 줄글은 흰색 종이에 따로 옮겨서 문집에 싣습니다. 다사랑반 소중한 추억도 이렇게 책으로 만들어져 소중한 역사가 된답니다.

고마운 사람들한테 마음을 전해요

학교에는 개똥이들이 공부할 수 있도록 도와주는 분들이 참 많아요. 아침에 걸어서 학교를 오갈 때도 많은 분들이 도와줍니다. 학교에 안전하게 갈 수 있도록 우리 마을 경찰관 아저씨는 아침 일찍 나와 횡단보도 앞에서 호루라기를 불며 '이제 건너도 됩니다' 말하고 활짝 웃어 줍니다. 횡단보도로 오지 않고 학교 뒤 오솔길로 오는 아이들을 위해서 학부모 모임인 '녹색회'에서 나와 안전하게 갈 수 있도록 도와줍니다. 학교 교문에서는 날마다 배움터 지킴이 할아버지가 아이들을 맞이하는데 겨울에는 날씨가 추워서 걱정이 되기도 합니다.

고마운 마음을 전하는 편지와 카드를 쓰는 시간이 되었어요. 자기가 생각하는 고마운 분을 찾고 직접 카드를 만들고 편지를 써서 그분한테 전하기로 정했지요. 몇몇 개똥이들이 배움터 지킴이 할아버지한테 카드를 전한다기에 "배움터 지킴이 할아버지가 오후에는 학교에 안 계시는데 어떻게 드릴 거니?" 하고 현재에게 살짝 물었습니다. "내일 아침에 학교에 오면서 드릴 거예요" 하네요. 다른 개똥이들은 학교에 있는 다른 분들한테 카드와 편지를 써서 전했어요.

다음 날 점심시간, 급식 먹을 준비를 하고 있었어요. 교실 앞문에 배움터 지킴이 할아버지가 찾아왔어요. 무슨 일인가 싶어 문을 열었어요.

"할아버지, 무슨 일이세요?"

할아버지 손에는 신문지로 뭉친 것이 들려 있었어요. 아이들이 교문 앞에 뭘 두고 가서 가져다주신 건가 했는데, "선생님, 제가 어제 아이들한테 편지를 받았는데 정말 고마워서 인사를 하고 싶어요" 하면서 망설이고 있었답니다.

"할아버지, 교실로 잠깐 들어오세요."

급식 준비를 잠깐 멈추고 배움터 지킴이 할아버지를 교실 한가운데로 모셨어요. 이 순간은 개똥이들이 꼭 마음에 담았으면 하는 바람이었거든요. 할아버지 두 눈에 눈물이 고여 있었어요.

"우리 다사랑반 아이들이 써 준 편지 읽고 내가 이 나이에 일하는 것이 얼마나 고맙고 보람을 느꼈는지 몰라요. 고맙습니다."

할아버지가 인사를 마치자 우리들은 손뼉을 치며 고마움을 전했답니다. 할아버지는 신문지에 싸인 것을 내밀었어요. 개똥이들에게 줄 작은 선물로 연필을 준비해 오셨어요. 서로에게 고마움을 주고받는 소중한 시간이었답니다.

아쉬운 헤어짐과 설레는 만남

이제 한 학년을 마무리할 시간입니다. 함께하던 교실과도 함께하던 친구들과도 함께하던 선생님과도 마지막입니다. 마지막 시간에는 개똥이들과 교실에 둥그렇게 둘러앉아요. 한가운데 반짝이는 천으로 덮은 책상을 놓고 그 위에 촛불을 여러 개 켭니다. 고요한 음악도 켜서 마음을 편하게 만들지요.

"우리 모두 눈을 감고 우리가 함께한 3학년을 떠올려 볼까요? 처음 만난 날도 이렇게 앉아서 이야기 나누며 시작했지요. 음악이 끝날 때까지 내가 보낸 3학년을 돌아보고 고마웠던 것과 미안했던 것을 이야기 나누고 혹시 상처를 준 적이 있으면 오늘 모두 풀어요."

개똥이들과 함께 음악이 끝날 때까지 기다렸다 조용히 눈을 뜨고 지난 시간 고마운 일을 이야기 나누었어요. 그리고 준비한 케이크를 나누며 우리들의 아름다운 시간을 마무리합니다.

8년 전 그날

학교가 집인지 집이 학교인지 모르게 8년을 살았습니다. 그럼 '8년 동안 학교에서 일만 한 거 아냐?' 하고 오해할 수도 있는데요, 그건 아니고요. 개똥이들과 함께 재미나게 배움을 얻으며 산 곳이 집인지 학교인지 모르게 살았다는 거예요.

제가 둔대초등학교에 온 해가 2011년이에요. 이때가 경기도에서 혁신학교가 시작될 무렵이죠. 제가 살고 있는 곳에도 혁신학교가 생겼어요. 전 자연에서 놀고 배우며, 일과 놀이가 하나되는 아이들 놀이터가 교실이고 학교이길 바랐어요. 혁신학교인 둔대초등학교가 그런 학교로 충분할 거라고 생각했어요.

우리는 너무 빠른 세상에서 살고 너무 많은 자극에 널브러져 있어요. 많은 교육 이론들이 뒤섞여 온전히 서 있기도 힘든 세상이에요. 마음이 올곧지 않으면 옆에서 하는 이야기에 귀가 솔깃해지고 내가 올바르게 서 있는지조차도 잘 모를 지경에 이릅니다. 그런데 둔대초등학교에선 조금은 천천히 갈 수 있고 그 많은 자극에서 비켜서서 바라볼 수 있는 힘을 키울 수 있었어요. 그런 곳을 떠나야 할 시간이 되고 개똥이들과 만나는 것도 정리해야 할 시간이 되니, 이곳에 처음 온 날이 생각납니다.

8년 전 지하철 4호선을 타고 대야미역에 내렸어요. 한 손에는 누런 서류 봉투를 들고 어리둥절한 눈빛으로 여기저기 두리번거립니다. 차디찬 수리산자락 겨울바람이 코끝을 스칩니다. 시골 냄새가 풍기는 수수한 대야미 역사를 나오니 신호등이 깜박대는 횡단보도 옆 넓은 벌판에 저녁 무렵 햇살이 산에 걸려 길게 빛납니다.

어둑한 그림자를 맞으며 학교 교문에 들어섰어요. 70년 나이를 자랑하듯 교실 건물 앞 동상들이 저를 먼저 맞이합니다. 한결 발걸음이 가볍습니다. 그런데 삐걱거리는 골마루 복도는 다시 두려움을 줍니다. 용기를 내어 2층으로 올라가 교무실 문을 두드립니다.

'똑똑.'

오래된 나무 여닫이문이라 잘 열리지도 않아 두 손에 힘을 주어 열었습니다.

"안녕하세요. 초빙 서류 제출하러 왔습니다."

"네, 실무사님께 서류 제출하시면 됩니다."

딱딱한 인사에 엉거주춤 인사만 대충 하고 교문을 나왔어요. 이미 해는 산등성이를 넘어가 바람은 더 차가웠어요.

'다른 사람들도 서류를 내고 갔을까?'

물어보고 싶은 것도 물어보지 못하고 나와 마음이 더 불안했어요. 집으로 가는 발걸음은 더 무거워졌어요. 전철을 타고 집으로 가려다 역을 지나 마을을 돌아보았어요. 이제껏 아파트가 빽빽한 곳에 살았는데 이 동네는 냄새부터 다릅니다. 눈앞에 부동산 간판이 보여 들어가 보기로 했어요. 혹시 초빙 서류가 통과되면 이사를 해야 할 수도 있으니까, 집이 있는지 미리 알아볼 생각이었습니다.

"안녕하세요? 집 보러 왔는데요."

"어떤 집을 원하세요?"

"아파트 있나요?"

"요즘 이 동네 아파트가 없어요. 둔대초등학교가 혁신학교 되고 나서 다른 곳에서 이사를 많이 오네요. 언제 이사를 하시나요?"

"아직 잘 모르겠어요. 2월이나 3월이요."

초빙 서류를 내고 결정 난 것도 아닌데 집을 구하려고 미리 부동산까지 들러 이사 날짜까지 말하다니…….

"여기서 떨어진 곳에 주택이 있긴 한데 한번 보실래요?"

부동산 사장님은 차를 타고 간다고 했어요. 차를 타고 조금 전에 걸어 나온 학교를 지나 좁은 마을 길로 들어가니 주말농장이 나옵니다. 한여름 한창이었을 토마토와 고추와 상추 들이 말랐습니다. 구불한 산길 옆으로는 무덤도 보입니다. 웅장한 나무 사이 차 한 대만 지날 수 있는 길 따라 들어간 곳은 산골짜기 움푹 파인 곳에 자리한 작은 동네였어요.

비닐하우스가 있는 길가에 차를 세우고 자물쇠로 잠긴 나무 대문을 열었어요. 비스듬하게 데크로 마무리한 입구를 지나 올라가니 넓은 마당이 나옵니다. 넓은 마당 옆 텃밭도 마음을 흔듭니다.

"이 집이 여름에 덥고 겨울에 좀 추워요. 새로 지은 집이 아니고 있던 집을 개조했거든요."

부엌 천장은 머리가 닿을락 말락 하고, 작은 방 두 개, 오래된 새시로 삐걱거리는 화장실, 길가에 바로 붙은 시멘트 벽에 낡은 문으로는 바람이 솔솔 들어옵니다. 산 아래 아름다운 풍경과 넓은 텃밭이며 마당과 달리, 낡은 집을 보자 마음을 정하는 게 쉽지 않았습니다.

이런 설레발 때문이었는지 초빙 교사 신청이 받아들여졌고, 이날을 시작으로 2011년부터 8년 동안 둔대초등학교에서 초록샘과 개똥이 교실이 이어져 온 거죠. 남편인 영근샘과 아들 희문(열두 살), 딸 수민(열 살)과 산속 집으로 이사할지 식구 회의를 했고 이사 찬성 셋(영근샘, 아들, 딸), 반대 하나(초록샘)로 도시 아파트 삶은 마당이 있는 산속으로 옮겨졌답니다. 자연이 주는 가르침을 몰랐던 선생이 이날을 시작으로 초록샘이 되었지요.

회색빛 가득한 삶에서 벗어나 초록빛 가득한 삶이 펼쳐져서 봄여름 가을겨울은 하루가 일 년이었고 눈부셨습니다. 아침에 눈 뜨면 눈앞에 펼쳐진 산빛이 연두를 내뱉고 땅속 깊은 곳에서 속삭이는 생명들을 들여다봅니다. 땅 위로 얼굴을 쏙 내민 갈색 뱀풀(쇠뜨기)들은 한들한들 깃대를 흔들어댑니다. 삐걱대는 나무 대문 열어젖히고 몽실이(진돗개)와 인사를 하면 뚱이(토끼)도 덩달아 달립니다.

이렇게 8년 전 첫 해를 시작으로 초록샘은 개똥이들과 자연과 더불어 사는 재미를 교실에서 배웠어요. 8년 동안 둔대초등학교에서 지낸 이야기들을 정리합니다. 둔대초등학교를 떠나지만 또 다른 학교에서 개똥이들이 저를 기다리고 있으니까요. 다시 만날 개똥이들은 어떤 모습일까요? 두근두근 마음이 설렙니다.

살아 있는 교육 41

맨날맨날 이런 공부만 하고 싶어요!

초록샘과 함께하는 신나는 교실 이야기

2021년 4월 20일 1판 1쇄 펴냄 | 2022년 5월 24일 1판 2쇄 펴냄

글쓴이 김정순
편집 김로미, 이경희, 임헌, 조성우 | **교정** 김성재 | **디자인** 김은미
제작 심준엽 | **영업** 나길훈, 안명선, 양병희, 원숙영, 조현정 | **독자 사업(잡지)** 김빛나래, 정영지
새사업팀 조서연 | **경영 지원** 신종호, 임혜정, 한선희
인쇄와 제본 (주)상지사 P&B

펴낸이 유문숙 | **펴낸 곳** (주)도서출판 보리 | **출판등록** 1991년 8월 6일 제9-279호
주소 (10881)경기도 파주시 직지길 492
전화 031-955-3535 | **전송** 031-950-9501
누리집 www.boribook.com | **전자우편** bori@boribook.com

ⓒ 김정순, 2021

보리는 나무 한 그루를 베어 낼 가치가 있는지 생각하며 책을 만듭니다.

ISBN 979-11-6314-195-2 03370